HEIDELBERGER POETIKVORLESUNGEN
Band 1

herausgegeben von
FRIEDERIKE REENTS

FRANK WITZEL

Über den Roman – hinaus

Universitätsverlag
WINTER
Heidelberg

Bibliografische Information der Deutschen Nationalbibliothek
Die Deutsche Nationalbibliothek verzeichnet diese Publikation
in der Deutschen Nationalbibliografie;
detaillierte bibliografische Daten sind im Internet
über *http://dnb.d-nb.de* abrufbar.

Die Heidelberger Poetikdozentur am Germanistischen Seminar
ist ein Projekt der Universität Heidelberg in Kooperation mit der
Stadt Heidelberg und Teil der Heidelberger „UNESCO City of
Literature"-Aktivitäten; sie wird unterstützt durch die großzügige
Förderung von Drs. Karin und Peter Koepff.

Diese Publikation wurde gefördert durch:

ISBN 978-3-8253-6817-3

© 2018 Universitätsverlag Winter GmbH Heidelberg
Imprimé en Allemagne · Printed in Germany
Umschlaggestaltung: Klaus Brecht GmbH, Heidelberg
Druck: Memminger MedienCentrum, 87700 Memmingen

Gedruckt auf umweltfreundlichem, chlorfrei gebleichtem
und alterungsbeständigem Papier

Den Verlag erreichen Sie im Internet unter:
www.winter-verlag.de

Reihenvorwort

Seit der Gründung der Heidelberger Poetikdozentur im Jahr 1993, die auf Initiative der damaligen Inhaber der Lehrstühle für Neuere Deutsche Literatur am Germanistischen Seminar der Universität Heidelberg, Helmuth Kiesel und Dieter Borchmeyer, in Kooperation mit dem Kulturamt der Stadt Heidelberg zu Stande kam, haben renommierte Schriftstellerinnen und Schriftsteller nicht nur interessierten Studierenden, sondern auch einem breiten städtischen und überregionalen Publikum die Möglichkeit gegeben, Einblick in die Werkstatt ihres literarischen Schaffens zu geben.

Die Idee, Autorinnen und Autoren einzuladen, sich über mehrere Vorlesungen hinweg über eine selbst gewählte Frage zur zeitgenössischen Literatur zu äußern, begleitend aus aktuellen Werken zu lesen und sich den Fragen des Publikums zu stellen, wurde von der Hörerschaft schnell angenommen. Die Poetikdozentur wurde bald zum Markenzeichen der traditionell ohnehin literarisch geprägten Stadt und des naturgemäß dieser Tradition verpflichteten Germanistischen Seminars bzw. der Neuphilologischen Fakultät.

Die gewählten Zugänge waren so unterschiedlich wie die Werke der eingeladenen Poetikdozentinnen und -dozenten und berührten die ganze Bandbreite von Produktions-, Werk- und Rezeptionsästhetik: So sprach etwa Peter Bieri über die Herausforderung, Erfahrungen überhaupt zur Sprache zu bringen; Brigitte Kronauer über die Unvermeidlichkeit, aber auch die Zweideutigkeit von Literatur; oder Louis Begley und Felicitas Hoppe über die jedem literarischen Schreiben zugrunde liegende Unterscheidung von Fakten und Fiktion bzw. Autobiographie und Selbsterfindung. Während Michael Rutschky von Notizkalendern als Prätexten seines Schreibens berichtete, hoben Lutz Seiler oder – wie in diesem Band nachzulesen ist – Frank Witzel die Bedeutung der Popmusik als Impulsgeber ihrer Werke hervor. Während es bei Wilhelm Genazino um Furcht und Zittern der Überempfindlichen, bei Ulla Berkéwicz um den Verbleib des heiligen Schreckens und bei Patrick Roth um Suspense ging, verlegte sich Eckhard Henscheid auf die Frage nach dem Sinn des Unsinns und Martin Walser auf des Lesers Selbstverständnis. Als Vertreterin der Popliteraten sprach Alexa Henning von Lange über den ‚Sound' des Hier und Jetzt, während sich Alban Nikolai Herbst über die Arbeit am Sterben der Schriftkultur Gedanken machte. Und schließlich, zeitgeschichtlich motiviert, ging es bei Volker Braun um das Schreiben nach der Wende und bei Bernhard Schlink, aber auch bei Seiler und Genazino, um das über Vergangenheit und Heimat.

Nun, nach knapp einem Vierteljahrhundert erfolgreicher Zusammenarbeit von Stadt und Universität, seit Jahren großzügig gefördert durch das dem künstlerisch-städtischen Anliegen verpflichtete Ehepaar Karin und Peter Koepff, haben wir uns dazu entschlossen, die zukünftigen, aber auch die vergangenen Poetikvorlesungen herauszugeben. Deshalb wurde diese Reihe gegründet: um den Vorlesungen in immer flüchtiger werdenden Zeiten einen angemessenen Raum in gedrucktem, hoffentlich bleibendem Format zu geben.

Heidelberg im Dezember 2017

Friederike Reents

Germanistisches Seminar der Universität Heidelberg

Inhaltsverzeichnis

Frank Witzel
ÜBER DEN ROMAN – HINAUS

Frank Witzel

ÜBER DEN ROMAN – HINAUS

Die Vorbereitung des Romans

Der französische Schriftsteller Marcel Bénabou hat ein Buch
mit dem Titel *Warum ich keines meiner Bücher geschrieben
habe* (*Pourquoi je n'ai écrit aucun de mes livres*) veröffentlicht. Er stellt darin unter anderem die Frage: „Warum kam ich
eines Tages auf den Gedanken, zu schreiben?" Eine Frage, die
durchaus der grundlegenden ontologischen Frage ähnelt: „Warum ist überhaupt Seiendes und nicht vielmehr Nichts?",
und damit für den Schriftsteller, genau wie die Frage nach dem
Seienden für den Philosophen, leicht zur Gretchenfrage der eigenen Zunft werden und in einen labyrinthischen Abgrund führen kann, in dessen Tiefe man sich rasch verirrt, ohne dass sich
irgendwo die rettende Antwort zeigt. So muss man erkennen,
dass man etwas tut, von dem man nicht weiß, warum man es
tut, und von dem man noch nicht einmal sagen kann, wie man
darauf kam, es zu tun. Nicht ohne Grund rief man früher die
Musen und Götter an, bevor man den Weg der Dichtung be-
schritt oder wählte sich Virgil als Begleiter – Möglichkeiten,
die uns heute versperrt sind, da spätestens die Moderne Bénabous Frage als Scheinproblem enttarnen würde, denn warum
sollten Unkenntnisse über Grund oder Anfang einer Tätigkeit
diese in Frage stellen? Es ist eben ein immerwährendes Dilemma der Aufklärung, dass sie uns einerseits von unnötigem
Ballast befreit, andererseits nicht die Problematik auflöst, die

5

sich gewöhnlich hinter solch naiven Überlegungen wie der, warum man eines Tages auf den Gedanken kam, zu schreiben, verbirgt und, ähnlich der Frage der Sphinx, auf Grundsätzlicheres zielt.

Glücklicherweise dachte ich nie, dass ich schreiben oder gar Schriftsteller werden sollte, vielmehr schrieb ich irgendwann einen ersten Satz in ein Schulheft, das war auf dem Heimweg von der Schule, und ich war ungefähr fünfzehn. Wo dieser Satz herkam, weiß ich nicht mehr. Vermutlich hatten sich Versatzstücke aus den surrealistischen Gedichten, die ich damals las, in meinem Kopf neu zusammengesetzt. Doch dieser Satz, einmal hingeschrieben, bewirkte, dass ich losging und mir ein Heft kaufte, das eigens für weitere Sätze und schließlich das bestimmt war, was ich für Gedichte hielt.

Bevor mir dieser Satz, tatsächlich aus heiterem Himmel, in die Feder diktiert wurde, hatte ich nie bewusst daran gedacht, auch einmal ein Gedicht zu schreiben, so wie Breton, Char, Desnos oder Éluard, vielmehr las ich deren Verse mit einer großen und auch unbekümmerten Begeisterung, dann wieder in Ehrfurcht und mit Selbstzweifeln, weil ich in der Regel nicht verstand, was diese Dichter zu Papier gebracht hatten. Ich war also ganz Leser, hingegeben an meine Lektüre, und vielleicht waren die wenigen Jahre damals zwischen circa elf und circa achtzehn die einzigen, in denen ich ein wirklicher Leser war, denn es erscheint mir fraglich, ob ein Schriftsteller tatsächlich lesen kann.

Die Begeisterung für Literatur stellte sich also bei mir vor allem dadurch ein, dass ich auf etwas gestoßen war, das sich mir widersetzte und verschloss. Der Sprung von der Kinder- zur Erwachsenenliteratur bestand für mich nicht darin, dass bei den Erwachsenen Themen behandelt wurden, die nicht kindgerecht waren oder in ihrer Behandlung kompliziertere syntaktische Strukturen enthielten, sondern in dieser scheinbar unendlichen Fülle von Texten, von denen ich auch durch intensive Lektüre nicht in Erfahrung bringen konnte, womit sie sich befassten oder was sie erzählten, wenn sie denn überhaupt erzählten. Woher aber meine Überzeugung kam, hinter diesen Texten etwas Verborgenes zu vermuten, das es zu entschlüsseln gilt, kann ich nicht sagen. War es das intuitive Gefühl, dem Unbekannten nachzugehen oder einfach eine gehörige Portion Naivität, die andere Kinder in meinem Alter auf ähnliche Weise dem fremden Mann folgen ließ, wie ich den in der Regel ebenfalls fremden Männern auf dem Papier folgte? Und wann auf diesem Weg verwandelte sich die Hoffnung auf Entschlüsselung in die Erkenntnis, dass diese Suche, einmal begonnen, nie an ein Ende kommt, eine Erkenntnis, die seltsamerweise nichts Ernüchterndes hatte, sondern im Gegenteil den Willen förderte, diese Suche beharrlich fortzusetzen?

Nun hatte ich also selbst etwas hingeschrieben, das ich nicht verstand. Ein Satz, der eine Wirkung entfaltete, wenn ich ihn las und mich immerhin dazu brachte, ihm weitere Sätze folgen zu lassen. Doch etwas war seltsam an diesem Vorgang. Konnte es wirklich sein, dass man etwas hinschrieb, es anschließend las und selbst nicht verstand? Fast klang es so, als wäre ich zu meiner eigenen Rätselmaschine geworden und hätte nebenbei das Perpetuum mobile entdeckt. Nur, wenn jemand meint, das Perpetuum mobile erfunden zu haben, gibt es in der Regel zwei Möglichkeiten: entweder die Apparatur bedient sich eines versteckten Tricks, oder sein Erfinder ist verrückt. Und so etwa fühlte es sich seinerzeit auch an: eine sanfte Form von Schizophrenie, in der ein Teil von mir die Werke eines anderen Teils begutachtete.

Ich hatte natürlich keine Ahnung, dass sich hier gleich zu Beginn meines Schreibens ein Grundkonflikt abzeichnete, der nicht zu unterschätzen war. Denn viele hoffnungsvolle Dichter und begnadete Schriftsteller scheitern an ihm und enden damit, dass sie Werke verfassen, die sie zu verstehen meinen. Es ist nicht nur ein Bonmot, wenn Michel Butor sagt, nicht er könne dem Leser sagen, wovon seine Romane handelten, vielmehr müsse der Leser ihm erklären, was er geschrieben habe.

Ich empfinde das ganz ähnlich, und deshalb müsste eigentlich an meiner Stelle eine der Professorinnen oder einer der Professoren hier stehen, um mir zu erklären, was ich in meinen Texten mache, und ich meine damit nicht: richtig oder falsch mache, sondern welche Bedeutungsebenen existieren und welche Verbindungen innerhalb des Textes eingegangen werden, von den Verknüpfungen zu Texten anderer Autoren ganz zu schweigen. Dass also die Literaturwissenschaft ein Anhängsel der Literatur sei, so wie man es manchmal hört und was in den Hochschulen glücklicherweise, davon gehe ich aus, niemand ernsthaft meint, halte ich für eine völlige Fehleinschätzung dieser wichtigen, eben auch für die Literatur wichtigen und eben gerade auch für die Autoren wichtigen Disziplin.

Es war nun bei mir nicht so, dass ich an das Schreiben heranging wie an ein zu erlernendes Handwerk, etwa wie Dostojewski, der anfing, Balzac zu übersetzen, um daraus sein eigenes Schreiben zu entwickeln. Dazu waren die Sätze, die ich „empfing" und niederschrieb, zu abgelöst von mir selbst. In einer nicht lange andauernden Phase der Unschuld schrieb ich etwas hin und strahlte es mit ähnlicher Begeisterung an wie ein Kleinkind die von ihm mit einer Mischung aus Schlamm und Schokolade verzierte Wohnzimmertapete. Niemals im Leben wäre ich darauf gekommen, an diesen wenigen Zeilen herumzufeilen oder sie zu verändern. Ich sah, dass es gut war, und es war gut, weil ich es selbst nicht verstand, womit es das für mich damals entscheidende Kriterium von Literatur erfüllte. Zudem hätte ich mich durch den Versuch einer Verbesserung über das Werk gestellt und damit seine Einzigartigkeit untergraben. Es ist schade, dass diese naive Beschäftigung mit Literatur schon bald an ihr Ende kam, denn heute weiß ich, dass ich damals automatisch alles richtig machte.

Seit vielen Jahren und Jahrzehnten bin ich zu einem manischen Überarbeiter meiner Texte geworden. Dennoch, oder vielmehr gerade deshalb, muss ich immer wieder feststellen, dass es Formulierungen gibt, die in ihrer Rauheit und eigenartigen Unbeholfenheit, mit der sie sich der sanft dahinfließenden Prosodie verweigern, ein Bild viel besser fassen als das, was ich in stundenlanger Arbeit daraus zu machen versuche, weshalb ich nicht selten zum Ursprung zurückkehre. Ich würde Allen Ginsbergs Motto „First thought – best thought" nicht generell unterschreiben, mich aber doch immer wieder an die Kraft der ersten Eingebung erinnern.

Wie gesagt, ich blieb nur eine gewisse Zeit in diesem unschuldigen Zustand, in dem ich als Sechzehn-, Siebzehnjähriger auf der Bettkante saß und ab und an einen weiteren Satz aufschrieb, denn ich las immer mehr und erweiterte meinen literarischen Horizont; zu den surrealistischen Dichtern kamen als nächstes vor allem amerikanische Lyriker wie Ginsberg und Ferlinghetti, Koch, Padgett, Sanders und viele andere hinzukamen, aber auch Erzähler wie Peter Handke und die heute leider etwas vergessenen Vertreter der Wiener Gruppe wie Artmann, Bayer, Rühm oder Wiener. Schließlich geriet ich langsam unter den Einfluss der damals neuen Dichtung, also Autoren wie Born, Delius, Theobaldy und vor allem natürlich Rolf Dieter Brinkmann. Hier ging es um den Alltag, ging es um die eigene Befindlichkeit, ging es nicht zuletzt um die

Stellung der Literatur innerhalb einer konkreten gesellschafts-politischen Realität. Und spätestens jetzt legte ich den verträumten Poeten ab und schrieb „richtige" Gedichte, Gedichte, deren Grundideen ich zwar immer noch auf ähnliche Weise „empfing" wie zuvor die einzelnen Zeilen, die ich aber in Anlehnung an meine Vorbilder entsprechend formulierte und in eine Form brachte, so formlos diese Form auch immer gewesen sein mochte.

Ich entdeckte diesen schmalen Band mit dem Titel *Warum ich keines meiner Bücher geschrieben habe* Mitte der Neunziger – mittlerweile schrieb ich schon gut zwanzig Jahre – im Ausschussregal der Frankfurter Stadtbücherei, die ihn ausrangiert hatte, nachdem er, seit der Aufnahme, über mehrere Jahre von niemandem ausgeliehen worden war. Als ich den Titel las, schnürte es mir die Kehle zu. Der Grund: Ich hatte zu Hause in der Schublade meines Schreibtischs ein Manuskript mit beinahe exakt dem gleichen Titel liegen, nämlich „Wie ich keines meiner Bücher geschrieben habe". Ich war mit diesem Titel noch etwas näher an dem Vorbild, auf das Bénabou und ich uns beide bezogen, nämlich Raymond Roussels Buch *Wie ich einige meiner Bücher geschrieben habe*. Natürlich ist mit einem Titel der Text noch nicht verloren, aber manchmal, wie in diesem Fall, eben doch, weil der Text selbst aus dem Titel entsteht und ohne ihn, vor allem ohne seinen Bezug auf Roussel, im luftleeren Raum hinwegschwebt.

Glücklicherweise ist mir das bislang nur zweimal passiert, das zweite Mal übrigens einige Jahre zuvor, Anfang der Neunziger, mit Hermann Burgers *Tractatus logico-suicidalis*, denn ich war gerade selbst dabei, einen Tractatus logico-bufonis zu schreiben, was mir das Erscheinen von Burgers Wittgenstein-Paraphrase, so mein fester Glaube seinerzeit, nun unmöglich

10

gemacht hatte. Ich brach das Projekt ab, um die Idee gerade jetzt, also nach cirka fünfundzwanzig Jahren, für meinen Roman *Direkt danach und kurz davor* doch noch einmal, wenn auch sehr reduziert, zu nutzen. Zwei Kröten, genauer ein Geschwisterpaar, formulieren den *Tractatus* auf ihre Weise um. Der erste Satz des Kröten-Tractatus lautet übrigens: „Die Welt ist alles, was im Fall ist."

Was aber brachte mich eigentlich dazu, ein Buch mit dem Titel „Wie ich keines meiner Bücher geschrieben habe" zu schreiben? Wollte ich damit einem generellen Scheitern Ausdruck verleihen und nach gut zwanzig Jahren Beschäftigung mit der Literatur einen dichterischen Offenbarungseid leisten? Oder hatte ich vor, mich aus einer Sackgasse zu befreien, in die ich mich selbst, wenn auch nur durch Unwissenheit, manövriert hatte? Was also war geschehen zwischen dem Tag, an dem ich völlig unbedarft und relativ unschuldig den ersten lyrischen Satz in ein Schulheft notiert hatte, und dem Moment, an dem ich einen Text mit diesem Titel verfasste?

Der Unterschied zwischen dem Titel von Bénabous Buch und meinem Manuskript scheint auf den ersten Blick marginal. Bei Bénabou heißt es „Warum", bei mir hingegen „Wie". Dabei könnte der Unterschied nicht größer sein, was ich übrigens damals nicht begriff. Das „Warum" Bénabous führt direkt hinein in die Fragwürdigkeit des Autors. Es gibt Bücher von ihm, aber unter Umständen hat er sie nicht selbst geschrieben, sondern ein anderer. Da es in meinem Titel nicht „Warum", sondern „Wie" heißt, dreht sich meine Frage nicht in erster Linie um die Autorschaft, sondern um die Art und Weise des Schreibens. „Wie ich keines meiner Bücher geschrieben habe" könnte bedeuten, ich zeige etwas Neues, nämlich etwas, das ich zuvor noch nie gemacht habe, aber natürlich auch: Ich zeige, wie man schreibt, ohne dass daraus ein Buch wird, was in meinem Fall zutraf, da ich seit meinen ersten beiden Gedichtbänden,

Ende der siebziger Jahre, zwar beständig geschrieben, jedoch nichts mehr veröffentlicht hatte.

Anfang der achtziger Jahre hatte ich mich von der Dichtung ab- und stärker der Prosa zugewandt. Das war damals tatsächlich eine bewusste Entscheidung, weil ich merkte, dass mich das Erzählen immer stärker interessierte und weil ich, nicht ganz zu Unrecht, der Meinung war, das Handwerk des Erzählens erlernen zu müssen. In den nächsten Jahren entstanden eine Reihe von Erzählungen und Romanen, das meiste unvollendet oder mit so vielen Mängeln durchsetzt, dass es einer Nicht-Vollendung gleichkam. 1987 schloß ich dann meinen ersten Roman ab. Er hatte immerhin 250 Seiten und hieß *Aurelia*. „Aurelia" bezog sich auf Gérard de Nervals gleichnamige unvollendete Erzählung, die den Untertitel „Der Traum und das Leben" trägt und mit dem Satz beginnt: „Der Traum ist ein zweites Leben." Nicht umsonst wurde dieser Text, 1855 verfasst, von den Surrealisten geschätzt, ähnlich wie George Du Mauriers *Peter Ibbetson*, das sich Breton und die Seinen immer wieder in der Verfilmung aus dem Jahr 1935 ansahen, die Geschichte eines durch widrige Umstände getrennten Liebespaars, das sich nachts in seinen Träumen wiederfindet. Ich war also, so könnte man meinen, nach einer politisierten und gesellschaftskritischen Phase, nach Gedichten in der Nachfolge Brinkmanns, wieder zu meinen ersten Leseeindrücken zurückgekehrt: der Traumwelt des Surrealismus.

Ich habe nach mehr als zwanzig Jahren noch einmal in das Manuskript hineingeschaut. Es ist, wenn ich das sagen darf, gar nicht mal so schlecht, leider von einem spätromantischen Duktus durchdrungen und selbst für meine Begriffe etwas zu verstiegen, aber mit durchaus brauchbaren Ansätzen. Tatsächlich ist es aber weniger ein literarisches Werk als Ausdruck

meiner damaligen Zerrissenheit, das heißt, es sagt auf unfrei-
willige Weise mehr über mich aus als ich mit ihm. Auch ich
hatte, wie Nerval, meiner *Aurelia* einen Untertitel mitgegeben,
nämlich: „Die versuchte Wahrheit". Das wiederum bezog sich
auf ein Nietzsche-Zitat, das dem Roman vorangestellt war:
„– *wir machen einen Versuch mit der Wahrheit!* Vielleicht geht
die Menschheit dran zu Grunde! Wohlan!" Drei Sätze, drei
Ausrufezeichen. Nietzsche sollte wohl meine eigenen Zweifel
verscheuchen. Als ich das Manuskript heraussuchte, fand ich
darin einen Brief vom April 1988. Er stammte von Michael
Krüger, der damals seit zwei Jahren literarischer Leiter des
Hanser Verlags war.

„Sehr geehrter Herr Witzel, haben Sie schönen Dank für die
Zusendung Ihres Manuskripts AURELIA ODER DIE VER-
SUCHTE WAHRHEIT, das ich erst jetzt habe lesen können.
Ich war streckenweise sehr fasziniert von der eigentümlichen
Verbindung von literarischen und essayistischen Momenten,
auf die Dauer aber dann eher zurückhaltender im Lesen. Wahrscheinlich verträgt sich diese Mischung nicht über zu lange
Strecken. Aber auch aus anderen Gründen muß ich ablehnen,
wir haben ganz einfach zu viele Pläne, zu viele Autoren, zu
viele Literaturen. Aber versuchen Sie es an anderen Orten, ich
bin sicher, daß Sie mit diesen Dingen eine kleine Öffentlich-
keit finden. Alles Gute und herzliche Grüße, Michael Krüger".

Ein sehr freundlicher Brief, wie ich finde, dennoch stürzte
mich diese Absage in eine Krise, die mich für weitere Jahre
davon abhielt, meine Manuskripte an Verlage zu schicken. Genau an diesem Punkt hätte mich Kierkegaard trösten können,
doch obwohl ich zwei Seminare zu seiner *Unwissenschaftlichen Nachschrift* bei Alfred Schmidt besucht hatte, kam er
mir erst viel, viel später in den Sinn.

13

Ende der Neunziger Jahre ging ich dann mit einem neuen fertigen Manuskript zurück zu meinem alten Verlag, der zwanzig Jahre vorher meine Gedichtbände herausgebracht hatte. Mein erster, 2001 veröffentlichter Roman hieß *Bluemoon Baby*. In der ersten Fassung übrigens noch „Silvermoon Baby", sogar noch bis in die Verlagsvorschau hinein. Ich hatte meinem Verleger von Anfang an gesagt, dass in diesem Roman lauter mehr oder minder bekannte Menschen aus der deutschen Schlagerwelt auftauchen, unter anderem Randolph Rose, der in den Siebzigern einen Hit mit dem Song *Silvermoon Baby* hatte. In meinem Roman entwickelten diese Schlagerstars allerdings ein Eigenleben, Randolph Rose etwa wurde zum Mörder, und auch die namentlich erwähnte Olivia Molina verhielt sich anders, als man es gemeinhin von ihr kannte. Kurz bevor das Buch in Druck ging, übergab der Verleger das Manuskript doch noch einem Rechtsanwalt, der mir wenig später ein etwa zwei Meter langes Fax zukommen ließ, in dem er mich dringend davor warnte, zu veröffentlichen, was ich mir dort ausgedacht hatte. Mein Argument, dass ich gerade Jon Stewarts Roman *Naked Pictures of Famous People* lese, das nicht nur auf dem Titelbild einen nackten Abraham Lincoln zeige, sondern gleich auf den ersten Seiten den Kennedys einen mehr als befremdlichen Lebenswandel unterstelle, widerlegte der Rechtsanwalt mit dem Verweis auf das andere Rechtssystem: In den USA gehe man davon aus, dass Prominente alles zu erdulden hätten, zumindest durch die Literatur, in Deutschland hingegen so gut wie nichts. Er habe Henscheid und andere verteidigt und immer verloren.

Also verbrachte ich den nach Abschluss des Romans als Urlaub geplanten August damit, alle Figuren nicht nur umzubenennen, sondern auch entsprechende kennzeichnende Merkmale zu beseitigen oder zu verändern, denn wenn man Olivia Molina, so der Rechtsanwalt, weiterhin – etwa durch einen breiten Mund in Verbindung mit einer mexikanischen Her-

kunft – als sie selbst erkennen könne, nütze mir die Namens-
änderung nichts. Ich machte folglich aus Olivia Molina sicher-
heitshalber eine Russin und benannte Randolph Rose in Bodo
Silber um, in dem wenigstens das Silber des Silvermoon Babys
aufgehoben war. Im Nachhinein bin ich der Meinung, dass besagter Rechtsanwalt etwas zu übereifrig war, denn in meinem
Roman *Die Erfindung der Roten Armee Fraktion durch einen
manisch-depressiven Teenager im Sommer 1969* werden Astrid
und Thorwald Proll zu Dioskuren und teilen das Schicksal, als
Ascheregen über der Welt dahinzutreiben, nachdem sie durch
zu langes Liegen in der jordanischen Sonne in Flammen aufgegangen sind. Natürlich kann man davon ausgehen, dass ehe-
malige RAF-Mitglieder keine privatrechtlichen Klagen anstreben, doch wer weiß das mittlerweile so genau. Ich sage nur:
Horst Mahler.

Mein zweiter Roman, erschienen 2003, hieß *Revolution und
Heimarbeit*. Der Titel sollte eine gewisse Spannung zwischen
dem stark in einer bestimmten Zeit verhafteten bundesdeut-
schen Begriff der Heimarbeit und dem gar nicht bundesdeut-
schen Begriff der Revolution herstellen. Das Theaterstück von
Franz Xaver Kroetz mit dem Titel *Heimarbeit* kannte ich nicht
oder hatte es zumindest nicht präsent.

In den Monaten bevor mein Roman *Direkt danach und kurz
davor* erschien, obwohl es mein fünfter publizierter, mein zehn-
ter abgeschlossener war, fühlte ich wahrscheinlich in etwa das,
was Bands bei ihrem zweiten Album empfinden müssen, vo-
rausgesetzt, das erste war einigermaßen erfolgreich, nämlich
einen gewissen Druck, die aktuelle Arbeit mit der vorangegan-
genen zu vergleichen. Was den Titel des Romans anging, war
mir sehr schnell klar, dass ich den Vergleich mit der *Erfindung*
nur offensiv angehen und entsprechend unterlaufen konnte:
Nachdem der letzte Titel sehr viel beschrieben hatte, durfte

der neue so gut wie gar nichts aussagen. Nach mehreren Versuchen, die mir alle noch zu konkret waren, kam ich dann schließlich auf: *Direkt danach und kurz davor.* Ein Titel, der das Thema des Romans beschreibt, ohne zu viel vorwegzunehmen, so dass sich der Text, auch anders als in der *Erfindung* …, in einer größeren Ruhe entfalten kann.

Spätestens nach dem Buchpreis 2015, also ein halbes Jahr, nachdem die *Erfindung* … erschienen war, wurde ich immer wieder gefragt, ob es denn schon ein neues Projekt gebe und was denn als nächstes komme. Ich beantwortete diese Frage wahrheitsgemäß, also entsprechend der Wahrheit, an die ich zu diesem Zeitpunkt glaubte, nämlich, dass ich einen Roman über eine Figur plane, die in der *Erfindung* … am Rande, auf gerade mal drei Seiten, auftaucht: den Kunstzerstörer Hans-Joachim Bohlmann. Bohlmann, so hatte ich mittlerweile bei meinen Recherchen herausgefunden, war einer, wenn nicht sogar *der* größte Kunstzerstörer der Geschichte, natürlich nur in Vergleich zu anderen Einzeltätern, denn die Taliban, Daesch und unsere Vorfahren, die Nazis, haben natürlich unvergleichlich mehr an Kunst zerstört, vor allem aber haben sie zusätzlich, und anders als Bohlmann, noch so viele Menschenleben vernichtet, dass der Vandalismus an der Kunst beinahe marginal erscheint.

Hans-Joachim Bohlmann war ein Mensch mit einer sehr interessanten Lebensgeschichte, so dass ich mich, ehrlich gesagt, immer wieder wundere, dass noch niemand ein Buch über ihn geschrieben hat. Ich bin glücklicherweise im Besitz seiner Autobiographie, die er in der Psychiatrie Ochsenzoll verfasst hat. Eine wunderbare Autobiographie, denn er ist der unzuverlässige Erzähler *par excellence*, weil er sein Leben aufschreibt und entsprechend interpretiert, um den Ärzten, vor allem aber auch der Staatsanwaltschaft, zu beweisen, dass er geheilt ist und entlassen werden kann. Er verfolgt also, wie jeder, der seine Autobiographie schreibt, einen gewissen Zweck, nur dass dieser Zweck in seinem Fall relativ klar ersichtlich ist.

Von außen betrachtet schienen sich im Sujet Kunstzerstörer Bohlmann sämtliche Ingredienzen zum Verfassen eines gelungenen Romans zu finden: ein interessantes Leben, eine spannende Kriminalgeschichte, der Kunstbetrieb, außerdem hatte ich genügend unveröffentlichtes Material. Dennoch stimmte etwas an dem Thema nicht. Ich muss hinzufügen, dass ich an diesem Projekt schon in dem Jahr, bevor die *Erfindung* ... herauskam, gearbeitet hatte, denn von der Fertigstellung eines Manuskripts bis zum Erscheinen eines Buchs vergeht natürlich einige Zeit.

Ich versuchte es immer und immer wieder, ging aus allen möglichen Perspektiven an den Stoff heran, erfand einen Kunsthistoriker, der sich mit Bohlmann identifiziert und in seinem Andenken selbst zum Kunstzerstörer wird, verwarf ihn wieder, versuchte eine Parallelbiographie von Bohlmann und Beuys, verwarf auch diese wieder, versuchte Bohlmann als unpolitischen Gegenpol zur RAF zu beschreiben, da er, wenn auch aus ganz persönlichen Gründen, im Herbst 1977 mit seinem Zerstörungszug begann – und so weiter und so weiter. Ich verstand selbst nicht, warum dieses Thema, das doch so offen vor mir lag und praktisch nur noch geschrieben werden musste, sich mir mit einer solchen Vehemenz entzog. Und ich brauchte tatsächlich einige Zeit, um zu verstehen, dass sich mir die Geschichte entzog, *weil* sie praktisch nur noch geschrieben werden musste, also bereits existierte. Gerade weil Bohlmanns Leben voll grotesker, wirklich einzigartiger Details ist – er, zum Beispiel, im *Gesundheitsmagazin Praxis* kurz vor seiner Hirnoperation gefilmt wurde, jener Operation, die ihn von seiner Zwangsneurose befreite, keine Wasserhähne sehen zu können, allerdings als Nebeneffekt seine Karriere als Kunstzerstörer initiierte –, gerade deshalb schien mich der Stoff nicht zu interessieren.

In *Erniedrigte und Beleidigte* lässt Dostojewski seine Hauptfigur, den Schriftsteller Iwan Petrowitsch, Folgendes feststellen: „Es war immer angenehmer für mich, über meine Werke nachzudenken und mir zu erträumen, wie sie wohl geschrieben werden sollten, als sie tatsächlich niederzuschreiben. Und das war nicht in einer Faulheit begründet. Worin aber dann?" Vermutlich in dem, was Hegel „sinnliche Gewissheit" nennt, ein Sich-Einsfühlen mit dem Objekt der Wahrnehmung, das sich jedoch nicht vermitteln lässt und deshalb zur ärmsten Wahrheit wird. Wie oft war ich der Meinung, jetzt, in diesem Moment, etwas fassen zu können und fand dann doch nicht die richtigen Worte, weil das Fassen eben erst dort geschieht, wo es sich in Sprache bzw. Schrift umsetzt. Das heißt, ich weiß eben doch noch nicht, um was es genau gehen wird, bevor ich mich hinsetze, um es aufzuschreiben, auch wenn Ideen, Vorstellungen, Empfindungen, selbst Handlungen vor dem Schreiben reifen können und es auch gewöhnlich tun. Oder um es mit John Ashbery zu sagen: Ich schreibe, um herauszufinden, was ich weiß (*I write to find out what I know*).

Offenbar ist mein Schreiben nicht abhängig von einem noch unbearbeiteten, aber bereits vorhandenen, interessanten Stoff. Im Gegenteil, je deutlicher der Stoff schon entwickelt ist, desto weniger reizt mich seine Umsetzung. Ich befürchte sogar, dass aus Bohlmann kein Roman mehr werden wird, da ich bereits herausgefunden habe, was ich weiß und es deshalb nicht mehr schreibend in Erfahrung bringen muss. Denn der Gedanke, schreibend etwas bereits Vorhandenes wiedergeben zu müssen, erscheint mir einer Strafarbeit ähnlicher als dem, was ich mir als Beruf gewählt habe.

Wenn aus Bohlmann noch ein Stoff werden soll, muss ich ihn zur Ruhe kommen lassen, ihn am besten völlig vergessen, damit er irgendwann in anderer Form und Gestalt wieder auftauchen kann. Er ist dann unter Umständen kein Kunstzerstörer mehr, aber irgendetwas von ihm, eine Geste, eine Eigenart, etwas aus seiner Lebensgeschichte kehrt als Thema, Gedanke oder Figur zurück.

Nachdem ich mich in vielen Lesungen und Gesprächen noch einmal sehr intensiv mit meinem Roman *Die Erfindung* ... auseinandersetzen durfte, beschlich mich der Eindruck, ich hätte das in dem Roman behandelte Thema, trotz seines Umfangs, immer noch nicht zur Gänze bearbeitet, sondern Wichtiges nicht beachtet oder vergessen, und ich meine damit nicht die im titelgebenden Jahr 1969 erfolgte Mondlandung, deren Fehlen mehrfach bemerkt wurde, sondern Gefühlsnuancen und Stimmungsbilder. Ich konnte diesen vermeintlichen Mangel allerdings nur bemerken, weil ich den Roman abgeschlossen hatte, und auch das ist ein seltsames Phänomen: dass man viele Jahre an etwas arbeiten kann, in dieser Zeit eine gewisse Vollkommenheit anstrebt, sich aber erst im Moment, wenn das Buch abgeschlossen ist, der Blick wandelt und man Dinge entdeckt, die zu fehlen scheinen. Ich kann mir gut vorstellen, dass es Kollegen gibt, die daraufhin tatsächlich ihren nächsten Roman, als Weiterführung oder Überarbeitung des ersten verfassen, denn auch ich fing umgehend an, einen solchen Roman zu konzipieren. Einen Titel dafür hatte ich sofort.

Dieser Folgeroman zur *Erfindung* ... sollte die Abkürzung „A.U.N." als Titel bekommen, nicht nur, um dem langen Titel der *Erfindung* ... eine extreme Kürze entgegenzusetzen. Diese drei Buchstaben standen für „Abschließende unwissenschaftliche Nachschrift", einen Titel, den ich Kierkegaard entlehnt hatte, der mir mit seinem Werk damals, bei der Absage von Michael Krüger, hätte einfallen sollen. Die Idee zur „Abschließenden unwissenschaftlichen Nachschrift" zur *Erfindung* ... kam mir gleich in den ersten Monaten nach Erscheinen des Buchs im Frühjahr 2015, als es keinerlei Resonanz gab, weil sich die Kritiker natürlich erst einmal durch die über 800 engbedruckten Seiten arbeiten mussten. Da ich in der Vergangenheit die Erfahrung gemacht hatte, dass ein Roman sehr schnell untergehen und unbemerkt wieder verschwinden kann, tröstete ich mich mit Kierkegaard. Der hatte die *Unwissenschaftliche Nachschrift* nach Veröffentlichung seiner *Philosophischen Brosamen* verfasst, einer Schrift, die, wie er schreibt, „ohne jegliches Aufheben, ohne Vergießen von Blut oder Tinte […] unbeachtet geblieben [ist]". Weiter schreibt er: „Der Verfasser ist deshalb zugleich in der glücklichen Lage, qua Verfasser niemandem etwas schuldig zu sein, ich meine Rezensenten, Kritikern, Zwischenmännern, Taxationsräten und so weiter, die in der literarischen Welt sind, was die Schneider in der bürgerlichen, welche ‚Menschen schaffen': Sie geben dem Verfasser Façon und dem Leser den Standpunkt, durch ihre Hilfe und Kunst wird ein Buch etwas." Und zwei Seiten später kommt dann der wunderbare Satz: „Eine Kritik, die einen aus der Literatur hinausweist, ist kein Eingriff, aber eine Kritik, die einem einen Platz innerhalb anweist, ist bedenklich." Diesen Satz entwickelt Kierkegaard weiter und lässt ihn schließlich in der Aussage gipfeln: „Dialektisch verstanden, ist deshalb nicht das Negative, sondern nur das Positive ein Eingriff."

Dieser Eingriff fand dann an mir statt: Mir wurde ein Platz innerhalb der Literatur angewiesen, und ich konnte mich beim besten Willen nicht mehr auf Kierkegaard berufen, so gern ich es getan hätte.

Der Titel „A.U.N." blieb jedoch erhalten. Nur die Idee veränderte sich etwas, und das hatte mit einem merkwürdigen Umstand zu tun. Ich musste nämlich registrieren, dass es einen Doppelgänger von mir gab. Immer wieder stellten sich mir nach Lesungen Menschen namentlich vor und behaupteten, in E-Mail-Kontakt mit mir zu stehen oder über Facebook mit mir befreundet zu sein. Da ich damals nicht auf Facebook war, ließ sich das zumindest schon einmal ausschließen. Tatsächlich handelte es sich um einen anderen Frank Witzel, der in Göttingen lebt und einen Roman über einen Teenager geschrieben hat, der in der Provinz, allerdings der siebziger Jahre, aufwächst. Doch damit nicht genug, es gab noch einen dritten Frank Witzel, nämlich einen evangelischen Geistlichen aus dem Kleinwalsertal, der einen Scheidungsratgeber mit dem Titel *Was Gott auseinanderführt, soll der Mensch nicht zusammenhalten* verfasst hatte.

Aus diesem Umstand entwickelte ich folgende Idee: Ein Autor namens Frank Witzel schreibt bereits mehrere Jahre an einem Buch mit dem Titel „Die Fälschung der Baader-Meinhof-Bande". Kurz vor der Fertigstellung erscheint das Buch eines anderen Frank Witzel mit dem Titel *Die Erfindung der Roten Armee Fraktion durch einen manisch-depressiven Teenager im Sommer 1969*, was dem ersten Frank Witzel natürlich ein Dorn im Auge ist, weshalb er mit allen Mitteln versucht, nicht nur das Werk dieses Autors zu diffamieren, sondern den Autor selbst beiseitezuschaffen.

Die von Autor Witzel 1 untersuchte Fälschung der Baader-Meinhof-Bande beruht auf einer tatsächlichen Begebenheit. Bekanntermaßen wollte man seinerzeit einen Ausgang von Andreas Baader aus dem Gefängnis erwirken, angeblich, damit er im Deutschen Zentralinstitut für Soziale Fragen Recherchearbeit betreiben konnte. Ein Unterfangen, für das man Klaus Wagenbach als Bürgen gewann. Anlass war natürlich die geplante und später auch durchgeführte Befreiung Baaders. Nun kannte der für solche Genehmigungen zuständige Beamte in der JVA Tegel, wie bei Stefan Aust nachzulesen ist, den relativ neu einsitzenden Andreas Baader nicht, wohl aber einen Paul Bader, mit einem A, einen gewöhnlichen Kleinkriminellen, sodass er den Ausgangsschein auf diesen Paul Bader ausstellte und erst später handschriftlich entsprechend änderte. In besagter, imaginierter „Fälschung der Baader-Meinhof Bande" entwickelt der Autor Frank Witzel 1 nun folgende These: Nicht Andreas Baader kommt auf Freigang zum Institut, sondern der Kleinkriminelle Paul Bader. Er ist es auch, der befreit wird. Erst hinterher wird den Befreiern klar, dass sie den Falschen haben. Um sich keine Blöße zu geben, behaupten sie einfach, Paul Bader sei Andreas Baader. Die Regierung spielt mit, weil sie sich im Vorteil fühlt, den echten Terroristen weiter unter Verschluss zu haben und nur einen kleinen Ganoven in Freiheit zu wissen. Sie lässt Andreas Baader erst einmal als Geisel irgendwo in einem Keller verschwinden. Besagter Paul Bader wittert ebenfalls eine Chance, seinem verpfuschten Leben eine Wende zu geben, macht mit und wird zu einer Art Jacques Mesrine, also einem Kriminellen, der sich politisiert; er geht damit quasi den umgekehrten Weg der politischen Aktivisten, die sich kriminalisieren.

Das Thema Fälschung sollte in diesem Roman aber noch in zwei anderen wichtigen Bereichen auftauchen, nämlich in der Religion und der Pop-Musik. In der Pop-Musik ist es Paul McCartney, der nach einem tödlichen Autounfall im Jahr 1966 durch das Double William Campbell ersetzt wurde, und in der Religion ist es Simon von Cyrene, der mit Jesus die Rollen tauschte und für ihn am Kreuz starb, wie Basilides von Alexandria hundert Jahre nach Jesu Tod behauptete, während Jesus ins Pleroma, die unendliche Lichtfülle, entschwand.

Andreas Baader ist in Wirklichkeit Paul Bader, Paul McCartney William Campbell und Jesus Simon von Cyrene, und Frank Witzel ist nicht Frank Witzel. Es wäre ein Spiel mit Doppelgängern auf allen Ebenen, thematisch natürlich noch einmal an der *Erfindung …* angelehnt, was durch den Titel der Nachschrift gekennzeichnet gewesen wäre.

Auch an diesem eher kruden Werk habe ich eine Zeitlang gearbeitet, doch schließlich gemerkt, dass es Ideen gibt, die sich ganz lustig und raffiniert anhören, wenn man sie erzählt, die sich aber bereits völlig in ihrer Synopse erfüllen, sodass ich wenigstens hier dem Ratschlag von Jorge Luis Borges Folge geleistet habe, der schrieb: „Was für ein aufwendiger und ärmlicher Wahnsinn, umfangreiche Bücher zu verfassen, in denen auf 500 Seiten eine Idee ausgeführt wird, die man mündlich in einigen Minuten darlegen könnte. Besser wäre es, so zu tun, als existierten diese Bücher bereits, um sie zusammenzufassen oder zu kommentieren."

Dennoch bleiben zwei Fragen unbeantwortet, nämlich erstens, warum schreibe ich eigentlich Romane und keine Zusammenfassungen, Kommentare oder meinetwegen auch Erzählungen? Und zweitens, was ist denn nun ein wirkliches Thema, ein Sujet, das sich zu bearbeiten lohnt? Denn ich möchte mich dem Thema, was der Roman ist und wie ich mich auf den Roman vorbereite, ja nicht nur *ex negativo* nähern.

Außer Romanen schreibe ich Hörspiele, Theaterstücke, Essays und Gedichte, aber tatsächlich keine Erzählungen. Ich habe im Laufe der Jahre natürlich Geschichten geschrieben und diese in zwei Bänden thematisch zusammengefasst, die allerdings nie veröffentlicht worden sind. Später habe ich einzelne Teile daraus für die *Erfindung ...* verwandt. Dass ich keine Erzählungen schreibe, ist keine bewusste Entscheidung, und vielleicht sollte ich mich noch einmal mit der Erzählung auseinandersetzen. Tatsächlich sehe ich den Roman nicht einfach nur als längeres Narrativ, sondern als Form, die es mir ermöglicht, einen eigenen Kontext zu entwickeln. Der Roman ist damit nicht nur Erzählung, sondern er schafft zusätzlich einen Rahmen, damit sich diese Erzählung entwickeln kann. Im Roman baue ich Subtexte auf und flechte Assoziationsketten ein. Ich kann thematisch springen und vor allem versuchen, eine Stimmung abzubilden, die sich aus verschiedenen, vielleicht auf den ersten Blick disparaten Teilen speist, die man bei der Lektüre zusammensetzen muss, so wie wir im Alltag unsere Eindrücke aus einem Gesprächsfetzen, einem Gesichtsausdruck, einer Bewegung, einer Tageszeit und tausend anderen kleinen Faktoren gewinnen.

Der Roman gibt mir die Möglichkeit, diese Dinge nicht nur zu erzählen, sondern darzustellen und fühlbar zu machen, indem ich sie direkt zeige und eben nicht nur nacherzähle oder zusammenfasse. Der Roman ist damit für mich eine Art Klammer, in der alles aufgehoben ist, was ich als Autor zu einem Thema zu sagen habe. Vielleicht könnte man den Roman auch als eine Form der Vereinbarung mit dem Leser beschreiben, die ungefähr folgendermaßen lautet: „Alles, was du hier auf den nächsten dreihundert, vierhundert oder achthundert Seiten vorfindest, hat miteinander zu tun, auch wenn du den Zusammenhang nicht sofort erkennst oder niemals erkennen wirst. Ich, als Autor, habe die Verantwortung für diese Texte, und du, als Leser, hast die Aufgabe, mir zu folgen, also den in dir vielleicht hier und da aufkeimenden Gedanken ‚Was soll das denn jetzt?‘ oder ‚Was hat das denn damit zu tun?‘ nicht zu unterdrücken, sondern zu denken, zu fühlen und wahrzunehmen, aber nicht aus einer Sehnsucht nach einem geschlossenen Narrativ heraus die Lektüre abzubrechen, sondern sozusagen bei der Stange zu bleiben.“

Es ist wie eine Störung, die in einer therapeutischen Sitzung auftaucht, oder eine ferne Erinnerung oder eben wie ein Traum, denn das Interessante am Traum ist ja, dass er sich immer weiterentwickelt und seine Thematik, mehr noch seine Symbolik, dabei ständig verändert, sodass er letztlich, was eine Analyse angeht, uneinholbar bleibt. Wenn wir heute eine Uhr ohne Zeiger sehen, so wie sie in Traumsequenzen bei Ingmar Bergman auftaucht oder entsprechend verbogen in dem von Salvador Dalí für Hitchcocks *Ich kämpfe um dich* gestalteten Traum, dann können wir das nur noch historisch sehen, aber nicht länger als ein für uns gültiges Symbol anerkennen. Der Traum, und darin liegt für mich seine entscheidende Kraft, ist eben nicht zu entschlüsseln, indem man eine Reihe von Symbolen auflistet, so wie es alte Traumbücher tun, da er sich dort, wo man ihn interpretiert, weiterentwickelt und an die Stelle der Symbole, die ins Bewusstsein gerückt wurden, längst neue Symbole gesetzt hat.

Ich habe selbst eine Zeitlang meine Träume aufgeschrieben, kam aber schon bald nicht mehr zum eigentlichen Schreiben, weil ich den ganzen Vormittag dasaß und mehr und mehr notieren musste, da ich mir immer genauere Details und Einzelheiten und vor allem immer mehr Träume behielt. Ich habe diese Notate deshalb irgendwann abgebrochen und meine Träume wieder kommen und gehen lassen. Auch die Surrealisten mussten irgendwann erkennen, dass es zwar ganz toll, ebenso innovativ wie kreativ sein kann, das Unbewusste mit Hilfe der Träume und des automatischen Schreibens anzuzapfen, dass aber die fünfte Begegnung eines Regenschirms mit einer Nähmaschine oder meinetwegen einer Waschmaschine auf einem Seziertisch öde ist, ja mehr noch, dass das Ungewöhnliche sich viel schneller abnutzt, als das doch auf den ersten Blick so banal erscheinende Normale und Alltägliche.

Was man allerdings aus Träumen lernen kann, noch besser von sich selbst als Träumendem: dass man der Traumerzählung sozusagen schlafwandlerisch folgt und dass es diese Bereitschaft ist, die dem Traum umgekehrt seine Überzeugungskraft verleiht.

Ich möchte es mir an dieser Stelle nicht zu einfach machen und sagen: Der Leser, der mir blind folgt und alles wie ein staunendes Kind auf einem Jahrmarkt annimmt, der versteht meinen Roman und wird entsprechend belohnt, während derjenige, der sich auf Schritt und Tritt fragt, was das hier soll, ein Banause ist und als Pechmarie bestraft wird.

Das Problem oder besser die Herausforderung beim Schreiben ist für mich, festzustellen, was wirklich in den von mir so definierten und selbstgeschaffenen Kontext gehört, denn ich habe meinen narrativen Anspruch an den Roman nicht aufgegeben. Darin unterscheide ich mich von Autoren, die experimentell oder konzeptuell arbeiten.

Es gibt bei mir wie im traditionellen Roman ein Narrativ, aber dieses Narrativ ist nicht als geschlossene Form oder lineare Entwicklung zu verstehen, sondern entsteht in einer Wechselwirkung von Narrativ und Kontext, die sich gegenseitig erweitern, weil sie sich in einem beständigen Rollentausch befinden, vor allem aber, weil es Textteile gibt, die scheinbar unverbunden auftauchen und damit eine Lücke signalisieren, aus der ein weiterer Kontext entstehen kann.

Ich möchte dazu ein Beispiel geben. Ein Professor der Germanistik, dessen Namen ich hier nicht nenne, weil das entsprechende Buch sich noch in Arbeit befindet, schickte mir das Kapitel einer Abhandlung, das sich mit meinem Roman *Die Erfindung …* beschäftigt. Ich fand darin viele sehr interessante Verbindungen und Analysen, allerdings auch eine Kleinigkeit, die mich irritierte und über die ich in der Folge nachdachte, da ich natürlich genauso, wie ich gerne möchte, dass der Leser mir folgt, einer Analyse meiner Arbeit folge und eine Irritation genauso wichtig nehme wie eine Interpretation, der ich auf Anhieb zustimme. Es gibt in meinem Roman ein Kapitel, das den Titel trägt „Die Erfindung des Nationalsozialismus durch einen schizophren-paranoiden Halbstarken im Herbst 1951". Dieses Kapitel handelt von einem ehemaligen Soldaten, der sich in einer psychiatrischen Anstalt befindet, zumindest die Woche über, da er am Wochenende freihat, wo er, einem Ritual folgend, einen Aal kauft, den er auf das Grab seiner Mutter legt. Dieser Soldat erinnert sich an seine Kindheit und erzählt einer Frau, der Verlobten eines noch verschollenen Kameraden, von den komfortablen Gefangenenlagern, um sie zu beruhigen. In der Analyse des Germanisten wird dieser Halbstarke als Vater des Teenagers beschrieben, wenn auch relativiert durch ein „womöglich". Und diese Möglichkeit, das muss ich zugeben, liegt durchaus auf der Hand, allerdings wäre ich selbst nie darauf gekommen, weil für mich der Vater des Teenagers, außerhalb seines marginalen Erscheinens in der sozusagen realen Alltagswelt, fest mit einer anderen Romanfigur verknüpft ist, der des mythisch angelegten Fabrikanten. Chronologisch ist diese Zuordnung aber durchaus stimmig. Für mich schloss sich das vor allem deshalb aus, weil der Fabrikant in seiner mythischen Allmacht keine Kindheit hat, oder eben nur so, wie Götter eine Kindheit haben, damit sie bereits dort ihre Göttlichkeit und ihre außergewöhnlichen Kräfte unter Beweis stellen können.

Diese Analyse war aber noch aus einem weiteren Grund interessant, denn sie erinnerte mich an eine andere Figur in meinem Roman, mit der ich bis zuletzt gekämpft hatte, weil ich mich selbst immer wieder fragen musste, was sie in diesem Roman eigentlich zu suchen hat. Es ist die Figur des Kamerad Müller, der schon relativ früh auftaucht und einen Jungen im Vorschulalter zu einem Attentat bewegen will, wozu sich dieser in eine Schachtel mit einem Zünder setzen muss. Die ganze Szenerie um Kamerad Müller und diesen Jungen ist ebenfalls in der Vergangenheit angesiedelt, wahrscheinlich in der Zeit des Nationalsozialismus. Ich habe immer wieder versucht, diese Figur aus dem Roman herauszunehmen, habe ihr ein eigenes Leben außerhalb angeboten, sogar einen eigenen Roman, aber sie lehnte beharrlich ab. Nein, sie wollte in diesen Roman hinein, und mittlerweile weiß ich, dass sie dort auch hingehört, ich weiß allerdings immer noch nicht genau, weshalb.

Das heißt aber, ich hätte eine solche Figur nie bewusst konstruieren können. Da ich jedoch beim Schreiben erst einmal allen Ideen und Einfällen so wie im Traum unzensiert folge, konnte sie entstehen und sich ihren Platz suchen. Hätte ich jedoch versucht, dieser Figur innerhalb des Romans einen genauen Platz anzuweisen und sie in einen logischen Zusammenhang mit anderen Figuren und Handlungsebenen gebracht, so hätte sie nicht nur ihre assoziative Kraft eingebüßt, sondern den gesamten Roman um eine kontextuelle Dimension beraubt.

Was die Wechselwirkung von Narrativ und Kontext angeht, scheint die genau festgelegte Kontextualisierung die Struktur des Romans nicht zu fördern, sondern eher zu bedrohen oder sogar aufzulösen. Was ich damit sagen will: Es muss für mich eine Art Lücke, besser noch Kluft bleiben, die sich nicht völlig schließen lässt, damit genau aus diesem Spalt ein weiterer Kontext entstehen kann, ein Kontext, den ich im Gegensatz zum narrativen Kontext als Stimmungskontext bezeichnen möchte. Dieser Stimmungskontext ist nicht gänzlich zu interpretieren, entzieht und verweigert sich einem Erklärungsversuch sogar, eröffnet aber weitere assoziative Möglichkeiten, wodurch sich die von ihm ausgehende Stimmung umso stärker entfalten kann.

In meinem bereits erwähnten ersten veröffentlichten Roman, *Bluemoon Baby*, war diese für mein Schreiben so grundlegende Verbindung von Text und Stimmungskontext noch kaum ausgebildet. Ich hatte mich über Jahre in einem großangelegten Romanprojekt verzettelt und begann an einem Weihnachtstag, einen Roman zu schreiben, den ich für mich als Unterhaltungsroman bezeichnete. Ich entwarf dazu eine Art Arbeitsanleitung, die lautete, ich erzähle von einer Person, bis mir nichts mehr einfällt, dann springe ich in der Zeit oder im Ort oder in beidem und erzähle von einer zweiten Person, dann von einer dritten, einer vierten, so lange, bis ich wieder zur ersten zurück möchte. Dieses halbe Dutzend Stränge entwickle ich getrennt und selbständig bis zur Hälfte des Romans, um sie dann in der zweiten Hälfte zusammenzuführen und logisch zu verbinden. Kenia, Wisconsin, Südhessen, ein Gymnasiallehrer, zwei Psychoanalytiker, sehr viele Schlagerstars, eine Sekte und natürlich der Geheimdienst tummelten sich schon bald auf gut dreihundert Seiten, und tatsächlich erfüllte ich die mir selbst gestellte Aufgabe und führte alle Stränge zusammen, ohne dass es irgendwo übermäßig knirschte.

Aber gerade diese Erfüllung des vorgegebenen Konzepts war die Schwäche des Romans. Alles ging auf, das heißt, nichts blieb übrig. Mehr noch, weil es keine Lücken gab, konnte sich das weite Feld des Stimmungskontexts nicht entwickeln. Ich merkte das bereits beim Schreiben, weshalb ich eine zusätzliche Ebene einzog, nämlich die eines Autors, der diesen Roman schreibt. Der Verlag meinte, mir an dieser Stelle eine Grenze setzen zu müssen und machte die Publikation davon abhängig, dass ich diese Ebene wieder herausnahm. Ich tat das, weil ich selbst nicht wusste, nur ahnte, welche erweiternde und wichtige Funktion diese Ebene hatte und weil es mir seinerzeit wichtiger war, dass der Roman überhaupt erschien. Der Kompromiss war, dass ich eine Art Nachwort beigeben durfte, das die besagte Ebene wenigstens andeutete. Diese sechs Seiten Nachwort sind im Nachhinein betrachtet das Wichtigste am ganzen Roman. Natürlich kann man das so nicht sagen, und genau darin zeigt sich die Schwäche der gesamten Konstruktion: Der Roman weist nur in dem angehängten Nachwort über sich selbst hinaus, was in einem eklatanten Missverhältnis zu dem davor entwickelten Narrativ steht, quasi dreihundert Seiten Text, um sechs Seiten Stimmungskontext zu ermöglichen.

In meinem nächsten Roman, *Revolution und Heimarbeit*, hatte ich aus diesem Ungenügen gelernt und Text und Stimmungskontext eng miteinander verwoben, beging aber prompt genau den Fehler, den man oft macht, wenn man etwas vermeiden will und sich ganz darauf konzentriert: Man übersieht einen anderen Mangel. Ich habe vor einiger Zeit eine Kritik von Manuel Puigs Roman *Verdammt wer diese Zeilen liest* von Gilbert Sorrentino gefunden, die sich beinahe wörtlich auf meinen zweiten Roman übertragen lässt. Sorrentino schreibt: „Die letzten acht Seiten des Romans bestehen aus einer Reihe von Briefen, die die Aufgabe haben, den Roman zu erklären und uns darauf hinzuweisen, dass Larry tatsächlich existiert (und noch schlimmer, dass er tatsächlich der Gauner ist, von dem wir nicht sicher sein konnten, dass er es war), und dass Ramirez ehrenhaft und gut ist, obwohl geisteskrank (auch da waren wir nicht sicher) und dass das Buch doch ein Thema hat, so etwa in der Art von: Der Schein kann trügen. Die Auswirkungen sind katastrophal, und die textuelle Stärke, das Risiko des Romans, zerfällt."

Warum aber war mir, genauso wie Manuel Puig, dieser Fehler unterlaufen? Weil ich immer noch nicht genug auf die für den Roman nötige Lücke vertraute, die Lücke, aus der der Stimmungskontext entsteht, die Lücke, die den Roman in seiner Vieldeutigkeit und Vielschichtigkeit im Leser entstehen lässt, sondern der irrigen Meinung war, der Roman müsse sich selbst erklären. Konkret besteht *Revolution und Heimarbeit* aus einer Reihe von Berichten in Ich-Form, verbunden durch Kommentare eines indirekten Erzählers, der diese Texte angeblich aufgezeichnet hat. Natürlich drängt sich sofort die Frage auf, warum die Stimmen formal vertauscht sind, also diejenigen, über die berichtet wird, direkt erzählen, während der Kommentator

30

nur indirekt wiedergegeben wird. Diese Frage hätte unbedingt offenbleiben müssen, als konstruktive und den Roman konstituierende Lücke. Doch ich beging den Fehler, diese Lücke mit einer Erklärung am Ende zu füllen, was zum Scheitern des ganzen Romans führte, der sich tatsächlich, so wie von Sorrentino bei Puig beschrieben, auflöste. So sind nur einzelne annehmbare Stellen geblieben, aber nicht ein durch diese Klammer in seiner Vielschichtigkeit gehaltener Text.

Anmerkungen

S. 5 Marcel Bénabou, *Pourquoi je n'ai écrit aucun de mes livres*, Paris 1986, S. 27 (Übers. FW).

S. 12 Gérard de Nerval, *Aurelia oder Der Traum und das Leben*, übers. v. Ernst Sander, Berlin 1970.

S. 13 Friedrich Nietzsche, *Sämtliche Werke. Kritische Studienausgabe in 15 Bänden*, hrsg. v. Giorgio Colli und Mazzino Montinari, München, Berlin, New York 1980, Bd. 11, Nachgelassene Fragmente 1884–1885, Fragment 25[305].

S. 18 Fjodor Michailowitsch Dostojewski zitiert nach Jacques Catteau, Dostoyevsky and the process of literary creation, Cambridge, New York, New Rochelle, Melbourne, Sydney 1989, S. 10 (Übers. FW).

S. 20 Søren Kierkegaard, *Philosophische Brosamen und Unwissenschaftliche Nachschrift*, hrsg. v. Hermann Diem, München 1976, S. 133, 135.

S. 23 Jorge Luis Borges, zitiert nach Marcel Bénabou, *Pourquoi je n'ai écrit aucun de mes livres*, Paris 1986, S. 23 (Übers. FW).

S. 30 Gilbert Sorrentino, *Something Said*, Chicago ²2001, S. 212 (Übers. FW).

Die Durchführung des Romans

Ich habe den Titel für diese Vorlesung mit Bedacht gewählt, auch wenn der Begriff der Durchführung dem Roman, vor allem dem linear konstruierten und am Plot orientierten Roman, auf den ersten Blick zu widersprechen scheint, da dessen Handlung sich entwickelt, entfaltet und auf ein Ziel, eine Lösung, ein Dénouement zustrebt. Natürlich hat ein Roman ein Thema, aber dass dieses Thema vorgestellt und dann mit Mitteln wie dem der Variation, der Umkehrung, dem Krebs, der Engführung und so weiter durchgeführt werden soll, erscheint beinahe widersinnig und seiner Grundanlage zu widersprechen. Für meinen Begriff des Romans aber, vor allem dem, was ich in der letzten Vorlesung als Stimmungskontext, seine Entstehung aus der Lücke und die Verbindung und gegenseitige Beeinflussung von Kontext und Narrativ beschrieben habe, scheint mir diese musikalische Herangehensweise durchaus passend. Dass ich die Musik erwähne, hat aber noch einen anderen Grund, denn oft ist es das Musikalische in Form einer Stimmung oder Satzmelodie, etwas, das eher der ungenaueren Wahrnehmung des Hörens zuzuordnen ist als dem in Sätzen fassbar Gemachten, das am Anfang der Komposition eines Textes steht und manchmal auch, wie wir noch sehen werden, an dessen Ende.

Wenn mir Leser berichten, mir unter Umständen beichten oder sich auch durchaus darüber beschweren, dass ihnen die Zusammenhänge der verschiedenen Handlungsebenen meiner Romane nicht ganz klar geworden wären, sodass sie schließlich die Lektüre aufgegeben hätten, so scheint das einer Anschauung von Literatur zu entsprechen, die sich nicht vom Prozesshaften, dem Vorgang des Lesens, sondern vom vermeintlichen Ergebnis und Ende her bestimmt, also von einem imaginierten Ziel, mit dessen Erreichen man das Buch gelesen und hinter sich gebracht hat: ausgelesen, wie man sagt. Aber möchte ich eigentlich, dass meine Romane ausgelesen werden, also hinterher leer sind und ins Regal gestellt werden können, oder geht es mir nicht vielmehr darum, dass in ihnen etwas zurückbleibt, ein unauflösbarer, nicht zu benennender, vielleicht auch nur in einer negativen Form der Irritation zu fassender Rest, der eine Verbindung zum Leser aufrechterhält, gleichgültig, ob diese Verbindung dazu führt, dass das Buch von Zeit zu Zeit noch einmal herausgenommen wird, um eine Seite darin zu lesen, oder auf Distanz gehalten werden muss, weil das Gefühl der Irritation überwiegt?

Wenn ich die zehn oder hundert wichtigsten Bücher in meinem Leben nennen soll, dann teilen sie alle dieses Merkmal, dass meine Verbindung zu ihnen nicht abgeschlossen ist, sondern immer weiter besteht, wobei der Umgang im Einzelnen auf ganz unterschiedliche Art und Weise stattfinden kann, denn in einigen von diesen Büchern lese ich immer wieder, andere hingegen wirken in der Erinnerung und verändern sich in ihr entsprechend und wiederum andere habe ich noch überhaupt nicht oder nur zu einem geringen Teil gelesen, weil sich meine Beziehung zu ihnen auf einer anderen Ebene als der einer genauen und wiederholten Lektüre entfaltet, nämlich der durch einen Titel oder eine Passage ausgelösten Imagination. Die erneute Beschäftigung mit dem bereits Gelesenen aber ist unerlässlich, denn wer nicht wiederliest, so Roland Barthes, der liest in allem immer nur dasselbe, wahrscheinlich, so möchte ich vermuten, ein Psychogramm seiner selbst.

Der Grund, warum wir uns bewusst mit Literatur und ihrer Rezeption auseinandersetzen müssen, liegt in dem Umstand, dass wir dem Zwang einer Linearität unterworfen sind, die uns alles auf einem Vektor aufgereiht erscheinen lässt, vom Verlauf der Zeit bis zur Durchquerung des Raums. Raum und Zeit sind nach Kant ja nicht Strukturen, die wir wahrnehmen, sondern *a priori* vorhandene Bedingungen unserer Wahrnehmung. Demnach ginge es dem weder linearen noch Plot orientierten Roman um nichts Geringeres, als die Voraussetzungen unserer Erkenntnis infrage zu stellen. Zumindest erinnert er uns daran, dass selbst dann, wenn man Raum und Zeit als Voraussetzungen der Wahrnehmung akzeptiert, dennoch eine gesellschaftliche und kulturelle Vereinbarung in Bezug auf diese Voraussetzungen besteht, eine Vereinbarung, die große Unterschiede aufweisen kann, etwa ob man die Zeit zyklisch wahrnimmt oder fortschreitend, oder ob der Raum der euklidischen oder nicht-euklidischen Geometrie entspricht und so weiter.

Ich versuche also, mich dem im Roman scheinbar selbst angelegten Widerspruch noch einmal zu nähern, um herauszufinden, ob dieser Widerspruch im Roman selbst zu finden ist oder nicht vielmehr in unserem Leseverhalten, also in unserer Betrachtung des Romans. Es wäre meines Erachtens illusorisch, wenn wir versuchen würden unsere lineare Denkweise dem Roman gegenüber völlig abzulegen. Ich habe in meiner ersten Vorlesung bereits gesagt, dass ich am Narrativ festhalte, also nicht vom rein experimentellen oder konzeptuellen Roman spreche, um gleichzeitig einzuschränken, dass man selbst in diesen Romanformen Reste eines Narrativs finden wird. Mein Roman *Die Erfindung* um mich auf ihn zu beschränken, weist selbstverständlich auch lineare Strukturen auf, das heißt, es gibt nicht nur einen Anfang und ein Ende, sondern auf der dazwischenliegenden Strecke verschiedene fortlaufende Entwicklungen, von denen ich nur die augenfälligste herausgreifen möchte, nämlich die der jugendlichen Stimmen, die zu Beginn dominieren, sich dann immer weiter zurückziehen, um von anderen Erzählsträngen abgelöst zu werden, die man eher der Erwachsenenwelt zuordnen kann. Recht genau in der Mitte des Romans, zumindest was die Kapitelzahl angeht, trifft man auf vier sogenannte andere Pubertäten. Sie wenden den Blick von der bislang beschriebenen subjektiven Pubertät des dreizehneinhalbjährigen Teenagers in der hessischen Provinz auf andere Kulturen, Zeiten und Religionen. Diese Pubertäten, kleine abgeschlossene Geschichten, sind vom erzählerischen Standpunkt aus gesehen ebenfalls pubertär, nämlich Durchgangsstadien und Versuchsanordnungen, um verschiedene Identitäten auszuprobieren, ein *rite de passage*, um die, wenn auch noch so unvollkommene, Welt des Erwachsenen zu erreichen, die die zweite Hälfte des Romans beherrscht.

Dieser Entwicklung innerhalb der Erzählung stehen jedoch andere rückläufige Bewegung entgegen. Es erscheinen die zwei von mir bereits erwähnten Figuren des Fabrikanten und des paranoid-schizophrenen Halbstarken, die nicht nur in einer früheren Epoche beheimatet sind, nämlich der Zeit des Nationalsozialismus und der Nachkriegszeit, sondern in ihrer Verfasstheit einem mythisch-kindlichen Denken entstammen. Schon diese Stränge widersprechen dem traditionellen Vektor-Roman. Aber es geht mir ja nicht um diesen Widerspruch per se, auch nicht darum, auf keinen Fall einen linear erzählten Roman zu schreiben, sondern um ein Schreiben, das bereits in der Anlage anders ist, mag es von außen auch, wie im übrigen jedes Buch, linear erscheinen oder auch so gelesen werden müssen. Entscheidend ist nämlich ein weiterer Umstand, in dem sich die verschiedenen Entwicklungen, die Nach-vorn-Gehende, die Rückläufige, die Zur-Seite-Ausweichende, gegenseitig beeinflussen und gemeinsam ein Narrativ entwerfen, das sich auf lineare Weise so nicht entwickeln könnte.

Während nämlich die rückläufigen Bewegungen zum Mythos und weit vor die Geburt des Protagonisten zurückkehren und der Teenager selbst nur noch sporadisch auftaucht, wird der Strang des erwachsenen Teenagers verstärkt. Diese Verstärkung findet in einem quasi strukturell angelegten Kampf gegen die benannten und oft gegenläufigen Stränge statt, die damit den inneren Kampf des Protagonisten abbilden, der versucht, sich vom eigenen historischen und biographischen Erbe, oder zumindest von dessen unmittelbaren Auswirkungen auf ihn, zu befreien, um ganz konkret die psychiatrische Einrichtung, in der er sich befindet, verlassen zu können.

Gegen Ende des Romans, im 94. Kapitel von 98, taucht der Teenager dann wieder auf und legt ein Geständnis ab, ein Geständnis, das die Prämisse des ganzen Romans infrage stellt, denn, so behauptet oder gesteht er: das „ganze Gerede über die Rote Armee Fraktion" sei nur eine Ablenkung gewesen, um das zu vertuschen, was er jetzt endlich, nach 772 Seiten, gestehen will.

Er irrt sich natürlich, doch ist dieser Irrtum nicht verwunderlich, denn er befällt uns alle beim Lesen eines Buches, oft auch wenn wir auf unsere eigene Lebensgeschichte schauen, da wir immer wieder der irrigen Meinung sind, wir hätten zu dem von uns erreichten Punkt auch anders und vor allem ohne die ganzen Umwege, im Roman die scheinbar unnötigen Abschweifungen, gelangen können. Dabei existierte dieser Punkt, den wir mehr oder minder willkürlich zu einem Ziel erklären, zuvor noch gar nicht, sondern wurde erst durch die von uns beschrittenen Wege geschaffen.

Eine Befragung oder ein Verhör, ich komme auf diese Form, weil zwölf Befragungen *Die Erfindung* durchziehen und in gewissem Sinne auch strukturieren, ist auch kein Zeitvertreib, bei dem sich der Verhörte einfach etwas ziert, sondern der

Prozess, aus dem sich überhaupt erst die Möglichkeit zu einem Geständnis ergibt. Im Fall des Teenagers ist sein Geständnis durch die verschiedenen Ebenen des Erzählens bedingt, die mythische, die realistische, die reflektierende und so weiter, die zuvor getrennt etabliert wurden und jetzt in seinem Geständnis zusammenfließen. Das „ganze Gerede", wie der Teenager sagt, war eben nicht nur Gerede, sondern dazu da, die Voraussetzungen für die Möglichkeit seines Geständnisses zu schaffen. Und dieses Geständnis wiederum ermöglicht es dem erwachsenen Teenager, der über den ganzen Roman hinweg verhört wurde, in der letzten dieser Befragungen, die auch gleichzeitig das letzte Kapitel des Buches bildet, zu meinen, dass er die Geschichte jetzt, also nachdem der Roman durchlaufen worden ist, erzählen könnte, worauf er wieder mit der ersten Erinnerung, die am Anfang des Romans steht, beginnt. Er wird an dieser Stelle, obwohl man doch meinen könnte, dass der Befrager die ganze Zeit genau auf diesen Augenblick des Geständnisses gewartet hat, ausgerechnet von diesem zurückgehalten, und zwar mit dem simplen Einwand: „Und dann?" Der Befrager weist also darauf hin, dass es sich auch bei diesem Geständnis nur um eine weitere Erzählung handeln würde und man nie ein komplettes Erfassen einer Geschichte erreicht, man über ein Narrativ zudem nicht, wie er sich ausdrückt, „zum Dasein gelangt und etwas in der Welt bewirkt".

Es mag vielleicht merkwürdig klingen für jemanden, der achthundert Seiten lange Romane verfasst, auch der Folgeroman hat über fünfhundert, aber ich möchte an dieser Stelle schon einmal auf die nächste und letzte Vorlesung vorgreifen und erwähnen, dass es für mich zwei ebenso wichtige und gleichbedeutende Herangehensweisen in der Literatur gibt, die zur Essenz der Literatur zu gelangen versuchen: einmal in Form einer ausgebreiteten Fülle, das wäre der Weg, den ich gewählt habe, und einmal in Form der konsequenten Reduktion, wie etwa bei Beckett oder Blanchot, die jedoch dasselbe Ziel ansteuern. Blanchots Meinung, was Literatur anstrebt, würde ich sofort unterschreiben. Sie lautet: „Literatur bewegt sich auf sich selbst zu, das heißt auf die eigene Essenz, und die ist ihr Verschwinden." In einer Form des bewussten *misreading* würde ich die Betonung allerdings nicht auf das Ergebnis, also auf das Verschwinden, sondern auf die Bewegung legen, das Prozesshafte. Es ist dabei nicht gleichgültig, was in diesem Prozess angestrebt wird, nur liegt das Ergebnis des Angestrebten außerhalb der Literatur, das heißt Literatur kann es ohnehin nur anstreben und nie verwirklichen.

Es stellt sich hier natürlich die Frage: Warum das alles? Warum beschäftigen sich einige Schriftsteller immer wieder mit der Form des Romans, mit dem Roman selbst und schreiben nicht lustig drauf los wie die meisten ihrer Kollegen? Ich werde versuchen, mich dieser Frage in zwei Schritten zu nähern, einmal indem ich auf das Schreiben, besser das Erzählen selbst genauer eingehen werde und einmal auf die Verfasstheit des Autors, die meines Erachtens eine große Rolle spielt. Ich möchte damit beginnen.

In seinen Vorlesungen der Jahre 1978 und 1979 am Collège de France, die unter dem Titel *Die Vorbereitung des Romans* (*La Préparation du Roman*) veröffentlicht worden sind, hat sich Roland Barthes nicht nur theoretisch, sondern ganz persönlich mit dem Roman auseinandergesetzt, persönlich, weil er mit Anfang sechzig untersuchen wollte, ob es nicht auch ihm, dem Theoretiker, gelingen könnte, einen Roman zu schreiben. Da Barthes wenige Wochen nach Beendigung seiner Vorlesungen starb, lässt sich natürlich nicht sagen, ob es ihm noch gelungen wäre, einen Roman zu verfassen. Dementsprechend lautet die allgemeine Deutung seines Lebenswerks, Barthes habe keinen

Roman hinterlassen. Ich bin da allerdings ganz anderer Meinung.

Es würde den Rahmen selbst einer sich über ein ganzes Semester erstreckenden Vorlesungsreihe sprengen, genauer auf Barthes *Vorbereitung des Romans* einzugehen, weshalb ich mich nur auf einige wenige Stellen konzentrieren möchte. In der Vorlesung von 15. Dezember 1979 schreibt Barthes: „Für den Schriftsteller ist das Schreiben zunächst (und dauerhaft) eine Position von höchstem Wert: Introjektion des ANDEREN in Gestalt einer essentiellen Sprache. Wie immer dieses Gefühl entstanden sein mag […], der Schriftsteller verfügt über einen ursprünglichen narzißtischen Glauben, ohne den er nicht auskäme → Ich schreibe, also habe ich Wert, unbedingt, was auch geschieht. Klassisch würde man diesen Glauben als STOLZ bezeichnen; es gibt einen Schriftstellerstolz, und dieser Stolz ist ursprünglich." Barthes führt in der Folge diesen Schriftstellerstolz genauer aus und unterfüttert ihn mit einer psychoanalytischen Topologie, etwa dem Ideal-Ich. Ich muss hier, und eigentlich ist das sträflich, ganz stark reduzieren, weil Barthes verschiedenste Ausprägungen genau darlegt und analysiert. Einige Seiten weiter schreibt er: „Der ,ROMAN' erscheint also – zumindest erschien er mir so zu Beginn der VORLESUNG – nicht als eine bestimmte literarische Form, sondern als eine Form des Schreibens, die imstande ist, das Schreiben selbst zu transzendieren, das Werk bis zum totalen – gleichwohl kontrollierten – Ausdruck des IDEALICHS, des IMAGINÄREN ICHS, zu vergrößern". Was hier sofort meine Aufmerksamkeit erweckt, ist der Begriff des einerseits „totalen", andererseits dennoch „kontrollierten Ausdrucks", der sich in einem Gegensatz zu dem zu befinden scheint, was ich in meiner ersten Vorlesung zu umreißen versucht habe, nämlich zur Notwendigkeit der Lücke und zum Eingeständnis mangelnder Kontrolle oder mangelnden Einflusses auf den Schöpfungsprozess. Interessant ist allerdings, dass ich Lücke und mangelnde Kontrolle als wichtige Voraussetzungen ansehen würde, um vielleicht nicht dasselbe, aber doch Ähnliches zu erreichen wie Barthes, nämlich einen möglichst umfassenden Roman zu verfassen, auch wenn ich unter „umfassend" wahrscheinlich ebenfalls etwas anderes verstehe als Barthes unter „total" oder besser „komplett".

Wenn ich den Roman als Klammer beschrieben habe oder als eine Form der Vereinbarung zwischen Autor und Leser, dann bin ich damit gar nicht so weit von Barthes' Begriff des Schreibens, der das Schreiben selbst transzendiert, entfernt, nur würde ich diese Transzendierung als eine Schaffung von Kontext beschreiben, als die aus den Lücken zwischen einzelnen Textteilen entstehende und von mir als Stimmungskontext bezeichnete Umgebung eines Narrativs, das sich innerhalb eines Austauschs mit diesem Kontext entfalten kann und sich nicht linear bewegen muss. Das Narrativ ist also nicht der Weg, der durch den Kontext führt, sondern ist von ihm selbst gar nicht zu unterscheiden, weil es selbst Kontext werden kann, wie umgekehrt der Kontext zum Narrativ. Wenn Barthes von Transzendierung des Schreibens spricht und als Ort dieser Transzendierung den Roman benennt, so müsste man an dieser Stelle fragen, wie Barthes sich diese Transzendierung genau vorstellt. Wie gelange ich denn von einem im Bereich der Ästhetik angesiedelten und auch nach dessen Kriterien verfassten Kunstwerk, dem Roman, zu einer außerhalb ästhetischer Kriterien liegenden Transzendenz?

Der Denker, der sich genau mit dieser Frage ein Leben lang beschäftigt hat, ist der von mir bereits in der ersten Vorlesung zitierte Kierkegaard, der drei Stadien der Existenz ausmacht, nämlich die ästhetische, die ethische und die christliche. Wenn wir das, was Barthes mit Transzendenz meint, einmal mit Kierkegaards Christentum gleichsetzen, *for the sake of argument*, dann würde Kierkegaard sagen, die Transzendenz ist nicht zu erreichen, indem man sich zum Beispiel langsam aus dem Stadium der Ästhetik dorthin entwickelt, vielmehr kann man nur durch einen Sprung dorthin gelangen. Es gibt also eine Kluft, die überquert werden muss und die nur überquert werden kann, wenn ich mich von dem Grund, auf dem ich mich befinde, löse, denn dies ist, um Kierkegaard selbst zu zitieren: „ein Paradox […], dessen sich kein Denken bemächtigen kann, weil der Glaube eben da beginnt, wo das Denken aufhört." Dieses sogenannte *sacrificium intellectus* kannten bereits die Jesuiten, und das Tertullian und Augustinus zugeschriebene *credo quia absurdum* (ich glaube, weil es unvernünftig ist) besteht folglich schon kurz nach Geburt des Christentums. Was also ist so neu bei Kierkegaard? Unter anderem die Stellung des Ästhetischen, deren Bereich er ein Leben lang und mithilfe mehrere Pseudonyme daraufhin auszuleuchten versuchte, ob sich nicht doch eine Verbindung zum Christlichen bzw. Transzendenten finden lasse und ob das Ästhetische, wenn es schon nicht hinführt zum Transzendenten, vielleicht Sprungbrett sein kann, um dorthin zu gelangen. Könnte der Roman, so wie ich ihn verstehe und als dessen entscheidendes Merkmal ich die Lücke benannt habe, dieser Sprung sein, um jetzt einmal Barthes mit Kierkegaard zu lesen? Und zwar genau dieser Sprung vom Ästhetischen hin zum Transzendenten? Das heißt, befindet sich der Roman vielleicht genau zwischen diesen beiden Polen in einer springenden Bewegung, sodass er die Seite der Ästhetik gerade verlassen, aber die Seite der Transzendenz noch nicht erreicht hat? Dann würde der Roman bestenfalls genau diese Bewegung abbilden, mehr noch: beständig in Bewegung sein. Er ist losgesprungen, aber noch nicht angekommen, und er wird auch nicht ankommen. Denn wenn er das Ästhetische völlig abstreift, ist er kein Roman mehr, sondern, um an Blanchot zu erinnern, verschwunden beziehungsweise in seiner Essenz aufgegangen, die außerhalb von ihm liegt. Hat er das Transzendente völlig erreicht, so ist er bestenfalls unvermittelbare mystische Erfahrung, aber ebenfalls nicht länger Roman. Bleibt er aber komplett im Ästhetischen verhaftet, oder im Ethischen, das ich nicht vergessen will und das der Ästhetik des Romans oft als trügerisches und meines Erachtens falsches Gegenüber etabliert wird, dann ist er eben eine Art von Vektor-Roman, also eine dem Plot verhaftete lineare Erzählung, die deshalb nicht schlecht oder von mangelnder Qualität sein muss, die aber nichts, und das ist das Entscheidende, über sich selbst hinaus wagt und aussagt, also ausgelesen und abgehakt werden kann.

Ich möchte meinen unzureichenden Exkurs in die *Vorbereitung des Romans* von Roland Barthes mit einer weiteren Spekulation beenden, denn ich vermute, dass Roland Barthes die Notwendigkeit des Sprungs heraus aus der Ästhetik – verwandt übrigens Batailles Sprung aus der hegelschen Dialektik durch das Lachen –, um die von ihm angestrebte Transzendierung zu erreichen, nicht erkannte, sondern meinte, sich auf den Roman vorbereiten zu können, und auch zu müssen, damit sich aus diesen Vorbereitungen der Roman natürlich und folgerichtig entwickeln kann. Einer der Gründe dafür liegt, so glaube ich, in der von mir zuerst zitierten Stelle, in der Barthes über den Schriftstellerstolz schreibt und über die aus ihm abgeleitete „totale Kontrolle" über das Werk. Ich möchte diese Vermutung allerdings gleich wieder einschränken, weil Barthes der Erfahrung der Epiphanie großen Wert beimisst, dieser Form des Ereignisses, des Zwischenfalls, des Events, und der damit verbundenen Erkenntnis, die er bei Kafka und Joyce findet und die er, nach eigenen Worten, in vielen seiner Texte „umkreiste".

Am Ende seiner Vorlesungsreihe schreibt Barthes unter dem Titel „Ein letztes (doch nicht allerletztes) Wort": „Aber, warum schreibe ich dieses WERK nicht – nicht sofort, noch nicht? – Ich habe schon die PRÜFUNG der WAHL definiert, eine Prüfung, die ich noch nicht gemeistert habe → Alles, was ich noch dazu ergänzen kann, ist eine gewisse Vorstellung, die ich von der ‚Erwartung' (der Entscheidung, der ‚Einschiffung') habe: Vielleicht eine gewisse ‚moralische' Verlegenheit". Diese Erwähnung der „‚moralischen[n]' Verlegenheit" passt sehr gut in das von mir kurz skizzierte Entwicklungsschema der Kierkegaardschen Stadien und entspräche der Ethik, die sich dem ästhetischen Dilemma, wie ich meine, als falsche Lösung anbietet; was den Roman betrifft, würde das dem gesellschaftspolitisch relevanten Roman entsprechen, der wichtige Themen der Zeit behandelt und vielleicht auf den ersten Blick dem rein im Ästhetischen verhafteten Roman an Relevanz überlegen zu sein scheint, doch meist die Ästhetik nicht hin zu einer Transzendenz überwindet, sondern oft sogar vor sie zurückfällt, da man meint, ästhetische Momente seien in ethischen Zusammenhängen vernachlässigbar.

Barthes aber wartet auf „ein[en] Auslöser, eine Gelegenheit, eine Verwandlung: ein *neues Hören* der Dinge", und er empfindet dabei eine innere Regression, da er sich vor allem auf, wie er sagt, „romantische[]" Autoren wie Flaubert, Mallarmé, Kafka und Proust fixiert. Ganz am Ende zitiert er Nietzsche: „Werde, was du bist", und Kafka: „Zerstöre dich! […] ‚Um dich zu dem zu machen, der du bist.'" Und hofft darauf, die Unterscheidung zwischen neu und alt abzuschaffen, um das zu erreichen, was er als Gegenstand seines Begehrens formuliert: *„ein Werk in C-Dur zu schreiben."*

Viel, wirklich sehr viel gäbe es hier noch anzumerken und herauszuarbeiten, aber ich möchte nicht versäumen, noch auf einen sehr entscheidenden Punkt einzugehen, nämlich die Frage, warum Barthes in dem Moment, in dem er das von ihm angestrebte Ziel beschreibt, nicht nur den Roman, sondern das ganze Metier des Schreibens verlässt und zur Musik wechselt, denn was entspräche als Roman einem Werk in C-Dur? Was überhaupt ist ein Werk in C-Dur? Die Einfalt einer Klassik, die sich kurzzeitig als voraussetzungslos empfinden konnte? Eine Rückkehr also zur Ästhetik Mozarts? Dieses Werk in C-Dur entspricht, so glaube ich, dem, was ich bereits vor vielen Jahren als anvisiertes Ziel ans Ende meines Romans die *Erfindung* ... gesetzt hatte, seinerzeit, als der Roman noch aus einer wüsten Sammlung von Texten bestand und ich noch nichts von Barthes' Begehren wusste, nämlich ein Songzitat aus einem Procol-Harum-Stück mit dem Titel *Pilgrim's Progress*, in dem Musik und Literatur verbunden werden, wenn es heißt: „I sat me down to write a simple story / Which maybe in the end became a song, / The words have all been writ by one before me / We're taking turns in trying to pass them on. / Oh, we're taking turns in trying to pass them on." Die Auflösung des Romans, seine Transzendierung, also nicht so konsequent wie bei Blanchot ins Nichts, aber zumindest in ein einfaches Lied oder eben, wie Barthes sagen würde, in ein Werk in C-Dur. Dieses Werk in C-Dur kann in seiner ganzen Einfachheit aber nur entstehen, wenn es sich bereits in der Anlage von einer linearen Vorangehensweise und einem angestrebten Ziel löst und sich in einer Konstruktion auflöst, die eher im Musikalischen angesiedelt ist.

Ich glaube, dass Barthes alle Voraussetzungen für diesen Roman zur Verfügung hatte, und er nur seinen Blick hätte wenden müssen, nämlich vom angestrebten Ziel hin zu seinen Vorbereitungen, um festzustellen, dass er mit der *Vorbereitung des Romans* seinen Roman bereits geschrieben hatte. Er ist nicht gescheitert, sondern hat das Neue, ohne dass er es wusste, oder besser noch auf Französisch, *malgré lui*, trotz seiner selbst, denn oft steht der Autor mit seinem Wollen und Meinen dem Werk im Weg, zustande gebracht. *Die Vorbereitung des Romans* ist der Roman. Und das ist für mich nicht nur ein

Bonmot, sondern hat eine auch für mein Schreiben ganz präzise Bedeutung, auf die ich in der letzten Vorlesung genauer eingehen werde. Nicht allein, dass das Material dargestellt und nicht mehr durchgeführt werden muss, nicht allein, dass sich das Narrativ in der Beschäftigung mit seiner Form findet, auch die Betonung der Theorie als Teil des Narrativs ist ein entscheidender Schritt in der Entwicklung des Romans selbst.

Barthes sprach von der Bedeutung der Epiphanie und ich möchte diesen Begriff erweitern hin zu sogenannten literarischen Epiphanien, also unvermittelt eintretenden Eindrücken, die durch die Lektüre entstehen. Ich habe in der letzten Vorlesung die Frage formuliert, ob Schriftsteller überhaupt lesen können. Mir geht es so, dass ich in der sogenannten Latenzphase, wenn ein Roman im Entstehen ist, bei jedem zweiten Satz, den ich irgendwo lese, meine, er könne den in mir reifenden Roman auslösen und zur Ausführung bringen. Deshalb habe ich auch so viele Bücher zu Hause, weil ich früher naiverweise das jeweilige Buch sofort gekauft habe. Heute weiß ich, dass der vermeintliche Zugang nicht im betreffenden Buch zu finden ist, sondern meine gesteigerte Wahrnehmung und Aufmerksamkeit allem gegenüber, was mich umgibt, besonders aber gegenüber der Literatur mir dieses Gefühl lediglich suggeriert. Ich suche also nach einem Satz, der mich in den eigenen Roman hineinführt, einen Pfad, den ich beschreiten kann, um herauszufinden, was ich schreiben will. Diese unwillkürliche Suche kann man beim besten Willen nicht als eine dem jeweiligen Autor angemessene Lektüre bezeichnen, weil sie ihn zum einen überbewertet – tatsächlich fehlen mir in diesen Momenten beinahe jegliche Kriterien –, zumindest aber nicht ernst nimmt, das heißt, sich nicht auf ihn einlässt, sondern nur nach Verwendbarem für das eigene Werk abklopft: die Literatur als einzige große Projektionsfläche für das eigene Projekt.

Wenn ich dann selbst schreibe, kann ich kaum lesen, weil ich mich von äußeren Einflüssen abschotten muss, die natürlich unterschwellig vorhanden sind und weiter wirken, und wenn es wieder eine Ruhephase gibt, dann gerate ich bei der Lektüre unwillkürlich in eine Analyse dessen, was der Autor dort mehr oder minder gelungen verfasst hat. Für jeden Leser wird das Buch zu einer Projektionsfläche, in der er etwas sucht, ob Unterhaltung, Weisheit oder einen Ratschlag, aber der Schriftsteller ist in seiner Herangehensweise an die Werke seiner Kollegen besonders ungehobelt und liest sie bestenfalls, wie Harold Bloom festgestellt hat, falsch, um daraus etwas Neues zu machen.

Was sind aber solche literarischen Epiphanien, nach denen ich Ausschau halte und in denen sich der Nukleus einer Erzählung finden kann? Barthes beschäftigt sich nicht umsonst in seinen Vorlesungen zur *Vorbereitung des Romans* über eine lange Strecke mit dem japanischen Haiku, das mich auch seit langem fasziniert. Dabei ahnte ich schon sehr schnell, dass sich hinter dem Haiku etwas verbergen muss, das sich in der Übersetzung nur schwer vermitteln lässt, weshalb ich viele Jahre, natürlich vergeblich, versucht habe, in die Welt des Originals einzutauchen. Ist die geringe Anzahl von siebzehn Silben schon erschreckend genug, denn Japanisch ist im Gegensatz zum Chinesischen alles andere als eine einsilbige Sprache, so ist erstaunlich, dass beim Haiku von den 17 vorgegebenen weitere Silben zu subtrahieren sind, da sie keinen Inhalt transportieren, sondern lediglich das zeigen, was bei uns die Satzzeichen oder der Zeilenbruch wäre, die beide im japanischen Original fehlen. Dennoch lässt sich mit fünf, gefolgt von sieben und noch einmal fünf Silben eine Menge sagen, eben nicht nur lyrisch sagen, sondern auch erzählerisch. Das liegt vor allem daran, dass das Haiku in einen sehr umfangreichen Kontext eingebettet ist, es Tausende, wirklich Abertausende sogenannter *kigo* oder Jahreszeitwörter gibt, die aus dem Bereich der Flora, Fauna, der Feste, gesellschaftlichen Gegebenheiten, eben aus allen Bereichen des Lebens stammen und dem Hörer des Haiku sofort zeigen, in welcher Jahreszeit das jeweilige Gedicht angesiedelt ist, denn vor allem darum, um den Wechsel der Zeiten, geht es vordergründig im Haiku. Gleichzeitig aber ist das Haiku in einen literarischen Kontext eingebettet, aus dem heraus es sich erst zu einer gewissen Größe entfalten kann, so dass es auch erst zu einer Zeit entsteht und entstehen kann oder besser sich als ehemaliger Kopfvers eines längeren Gedichts abkoppelt, in der die japanische Literatur bereits eine Entwicklung von mehreren Jahrhunderten durchlaufen hat, immerhin eine Literatur, die den ersten Roman der Welt aufweist, das *Genji Monogatari*, das gleich ohne Zaudern und in voller Montur, wie Flaubert sagen würde, in der Literaturgeschichte erscheint, nämlich Mitte des elften Jahrhunderts, obwohl es damals auch bei uns bereits interessante Literatur gab, besonders aber anderthalb Jahrhunderte später, worauf ich gleich noch zu sprechen kommen werde.

Ein Haiku von Basho lautet:

„kyō nite mo kyō natsukashi ya hototogisu"

Übersetzt: „Selbst wenn in Kyoto. Nach Kyoto Sehnsucht. Ein Kuckuck."

Der *hototogisu*, wahrscheinlich weil er genau fünf Silben hat, ist ein beliebter Haiku-Vogel und eine Art Kuckuck, dessen Ruf mit dem frühen Sommer in Verbindung gebracht wird. Obwohl er nicht, wie üblicherweise, auf Reisen ist, sondern in Kyoto, sehnt sich Basho nach Kyoto, als er den *hototogisu* hört. Ein stimmungsvolles Bild, das noch verstärkt wird, wenn man beachtet, dass in *natsukashi*, der Sehnsucht, *natsu* steckt, das auch Sommer bedeuten kann, sich also die Sehnsucht und der Sommer noch stärker mit dem Ruf des Hototogisu verbinden.

Ein weiteres Haiku von Basho:
„yagate shinu keshiki wa miezu semi no koe"
Übersetzt: „Bald sterben. Äußerlich nicht zu sehen. Die Stimme der Zikade."

Die Zikade, die weder Herbst noch Frühling kennt, zirpt vor sich hin im Sommer, ohne dass man ihr ansieht, dass sie bald sterben wird. Die Interpretationen gehen hier weit auseinander, manche sehen darin eine Spiegelung des Dichters selbst, der nicht weiß, wie lange er noch leben wird, andere vermuten, dass er von dem ständigen Gezirpe der Zikade genervt war und sich mit dem baldigen Tod des Insekts tröstete.

Und noch ein letztes:
„toshidoshi ya saru ni kisetaru saru no men"
Übersetzt: „Jahr für Jahr. Der Affe trägt eine Affenmaske."

Es handelt sich um ein Neujahrsgedicht, und auch wenn einem der Sinn sofort intuitiv einleuchtet: Es ändert sich nichts, selbst wenn wir eine Maske aufsetzen, sind diese Zeilen nicht ganz eindeutig aufzulösen, da der Affe eine Affenmaske trägt, sich also hinter einem Abbild dessen verbirgt, was er selbst ist.

Andere Haiku sind aus dem allgemeinen kulturellen oder literarischen Kontext heraus nicht zu verstehen, weshalb es üblich war, kleine Vorgeschichten zu ihnen zu verfassen, also ein kurzes Narrativ, das die Epiphanie, die sich im Haiku findet, verständlich werden lässt.

Dennoch befinden wir uns im Haiku immer im Bereich der Andeutungen, mit der die Geschichte in den Hörer hineinverlegt wird. Das heißt, es handelt sich beim Haiku gar nicht unbedingt um reine Naturlyrik, sondern um die komprimierte und natürlich lyrisch ausgeformte Zusammenfassung einer vielschichtigen Erzählung, die sich im Hörer entfaltet, und zwar umso mehr entfaltet, desto mehr Hintergrundinformationen er besitzt.

Ich möchte das Haiku vergleichen mit dem Werk eines französischen Autors, der im Jahr 1906 in der Tageszeitung *Le Matin* mehr als tausend sogenannter *Nouvelles en trois lignes* – auch hier eine kleine Doppelbedeutung: sowohl Novellen als auch Neuigkeiten in drei Zeilen – veröffentlichte: Félix Fénéon. Er lebte von 1861 bis 1944, war Journalist beim *Figaro* und besagtem *Matin* und später Herausgeber, Galerist und Kunstkritiker. Es folgen drei Beispiele seiner Novellen in drei Zeilen:

1. „Der Name des Mannes, der in Blainville als Spion verhaftet wurde: Tourdias. Sein Alter: 24. Sein Beruf: Handelsreisender in Bandagen und Arzneien."

2. „Als der Topf vom Herd fiel, fügte das Wachs, das darin zum Schmelzen gebracht werden sollte, M. Adolphe Marque aus Courvevoie schwere Verbrennungen zu."

3. „Weil er eine Flasche Vitriol trank, starb Marcel Portamène aus Saint-Maux im Alter von drei Jahren. Seine Eltern waren im Garten spazieren."

Alle drei, obwohl aus Zeitungsmeldungen entstanden, sind tatsächliche Novellen, die unwillkürlich in unseren Köpfen aus- und weitergesponnen werden. Ein vierundzwanzigjähriger Handelsreisender, der Arzneimittel verkauft und dabei spioniert? Für wen? Wo und wie wurde er gefasst? Wodurch hat er sich verraten? Wofür war das Wachs, das auf dem Herd schmolz? Und beinahe am wenigsten packend, weil bedauerlicherweise recht alltäglich, obwohl natürlich nicht weniger tragisch, der Dreijährige, der eine Flasche Vitriol trinkt, während die Eltern im Garten lustwandeln. Im Gegensatz zum Haiku haben diese Kurznovellen nichts Poetisches, bilden aber die vermeintliche Synopsis eines Vorgangs, der die Phantasie entzünden kann, meist aber doch in dem Geschilderten verhaftet bleibt und kaum darüber hinausreicht.

Ich möchte ein ähnliches Beispiel aus einem ganz anderen Buch, vor allem einem völlig anderen Kontext, geben:

„Ein siebzigjähriger Gärtner grub ein Beet im Park des Barons um. Er stieß mit seinem Spaten auf eine Granate und brachte diese zur Explosion. Der Gärtner war auf der Stelle tot."

Dazu zwei Varianten: „Mittwochmorgen zu Marktbeginn wurde die gesamte Bevölkerung durch eine fürchterliche Explosion in Aufruhr gebracht. Alle liefen nach draußen. Hinter der Mauer des Anwesens von Herrn P. stieg Rauch auf. Dort fand man die fürchterlich verstümmelte Leiche eines älteren Herrn von 70 Jahren. Im Nieselregen hatte er noch etwas ,buddeln' wollen, um Kriegsbeute zu finden. Er hatte eine klaffende Wunde in der Herzgegend. Der herbeigeeilte Arzt konnte nur noch den Tod feststellen. Pfarrer H. gab ihm die letzte Ölung. Die Ursache der Explosion ist unbekannt. Eisenstücke flogen 2 bis 300 Meter weit. Wann hören diese furchtbaren Unglücke endlich auf?"

Und schließlich: „Am Mittwochmorgen gegen 8 Uhr war von dem Grundstück des Herrn P. eine gewaltige Detonation zu hören. Sofort liefen zahlreiche Menschen, die sich in diesem Moment auf dem Markt befanden, dorthin und fanden einen ältern Herrn von siebzig Jahren auf dem Boden liegen. Beide Hände waren abgerissen, außerdem hatte er eine klaffende Wunde in der Brust. Der Granatkopf wurde wenig später in einer nahgelegenen Villa unbeschadet entdeckt und zeigte keinerlei Spuren eines Spatens. Wahrscheinlich hatte der Alte die Granate entdeckt und sie beim Zur-Seite-Legen zur Explosion gebracht."

Es handelt sich hier um ein und denselben Unglücksfall, über den drei verschiedene Tageszeitungen am 4. Dezember 1929 berichten, zu finden in einem Buch, das auf 400 Seiten Meldungen über Unglücke mit alten Kriegsgranaten und Bomben in Holland von 1918 bis heute auflistet.

Die erste Meldung reicht durchaus an Fénéon heran, nicht nur weil sie drei Zeilen hat, sondern eben auch ein eigenartiges

Verhältnis benennt, nämlich das von einem siebzigjährigen Gärtner und einem Baron, für den er offenbar immer noch arbeitet. Die zweite Meldung ist nicht nur ausführlicher und endet mit einem Appell, sondern bringt ein weiteres Detail ans Licht, dass der ältere Herr anscheinend weniger für den Baron ein Beet umgrub als vielmehr nach Kriegsbeute „buddelte", gleichzeitig entwirft sie durch eine Erweiterung des Narrativs auf die letzte Ölung und die deutlich beschriebenen Wunden ein realistischeres, vor allem emotionaleres Bild. Die dritte Meldung erwähnt zu der klaffenden Brustwunde noch die abgerissenen Hände, aber auch, dass sich der Granatkopf in einer nahegelegenen Villa wiederfand, und zwar unbeschadet, sodass sich Rückschlüsse auf den Hergang des Unglücks ergeben. Alle drei Meldungen zusammengenommen scheinen in ihren kleinen Differenzen und Widersprüchlichkeiten auf eine Erzählung hinzudeuten, die vom Zeitpanorama zur privaten Tragödie reichen könnte.

Ist aber einmal dieser Anlass, in Form einer literarischen oder tatsächlichen Epiphanie gefunden, wie erfolgt die tatsächliche Umsetzung? Oder anders gefragt, reicht es allein aus, ein Ereignis zu finden, das eine Geschichte trägt oder hat die Erzählung gar nicht so viel mit der Geschichte selbst zu tun?

Wenn man in die Praxis des Schreibens geht, fällt einem auf, dass das schreibende Erzählen ein seltsamer Vorgang zu sein scheint, der allem Anschein nach der Rechtfertigung bedarf, heute ebenso wie vor fast genau 800 Jahren, als Wolfram von Eschenbach um 1210 seinen *Parzival* verfasste. Denn er führt gleich als erstes eine Art Verteidigung seiner Erzählung an, zu der er später noch eine ganze Historie konstruieren wird. Bereits im allerersten Satz seines Werkes verleiht er dem Zweifel des Erzählers eine Stimme, indem er sagt: „Ist zwîvel herzen nâchgebûr, / daz muoz der sêle werden sûr." In der Übersetzung von Wolfgang Mohr: „Wohnt dir der Zweifel Haus bei Haus / das schlägt der Seele bitter aus."

Hier treffen wir auf den bekannten Topos des Faust, der zwei Seelen – ach! – in seiner Brust wohnen hat: „Die eine will sich von der andern trennen; / Die eine hält, in derber Liebeslust, / Sich an die Welt [also der Realität] mit klammernden Organen; / Die andere hebt gewaltsam sich vom Dust [vom englischen *dust*, vom Staub also] / Zu den Gefilden hoher Ahnen. [das heißt in den Bereich des Unwirklichen, der Fiktion, FW]". Und wahrscheinlich ist die Beschreibung einer geteilten Einheit, die Goethe vornimmt, die der zwei Seelen, passender für eine sich säkularisierende Welt, weil sie den tatsächlichen Konflikt, den Riss, die Spaltung besser fasst als Wolfram von Eschenbach, der die zwei Stimmen in sich aufteilt in Herz und Seele. Könnte es aber nicht sein, dass beide Stimmen, eben weil sie überhaupt neben- und gegeneinander existieren, irren, dass es gar nicht um die Entscheidung geht zwischen Himmel und Hölle, Erlösung und Verderben?

Wolfram führt unmittelbar nach dem Beginn die Elster an, als Vogel der Mischung von Schwarz und Weiß, und redet ganz anders als man es vielleicht erwarten würde, gar nicht der Einheit, Reinheit und Geschlossenheit das Wort, sondern der Mischung, die stellvertretend für den freien Willen steht und eine Bewegung nach jeder Seite zulässt. Dabei lauert die Gefahr in der Unbeständigkeit, denn der „unstacte geselle" ist gefährdet. Das heißt, der Erzähler selbst ist bedroht. Sobald er nämlich zu erzählen beginnt, muss er sich innerhalb der Welt des Textualen positionieren. Wolfram macht das, indem er zum Angriff auf seine Leserschaft übergeht und jene von ihm natürlich nur vorgestellte Gruppe tumber Zuhörer beschimpft, die „diz vliegende bîspel", diesen geflügelten Vergleich, nicht begreifen, weil er zu schnell für ihr Denken ist. Es gelingt ihnen nicht, das flüchtige Merkwort zu erjagen, „denn es wird

Haken schlagen / wie ein aufgescheuchter Hase". Am Anfang seines großen Epos ist Wolfram, wie wahrscheinlich die meisten Dichter, also mit sich und der Rolle beschäftigt, die er im Begriff ist, einzunehmen. Er reflektiert die Zweifel, von denen er heimgesucht wird und verteidigt seine Art der Darstellung. Doch weshalb? Warum erzählt Wolfram nicht einfach drauflos und lässt es drauf ankommen, ob ihm seine Leser, besser Zuhörer, folgen oder nicht? Weil er ein Dichter ist, der seine Kunst versteht, der weiß, was es mit dem Schreiben, dem Erzählen, auf sich hat.

Gerade weil es keinen Außerhalb-Text gibt, wie Derrida sagt, (*il n'y a pas de hors-texte*) ist es umso wichtiger, sich als Text unter Texten entsprechend zu etablieren, sich also als Text an andere anzuschließen, um die eigene Erzählform mithilfe anderer Erzählformen, oder auch im Kontrast zu ihnen, zu rechtfertigen. Denn Erzählen heißt immer, die Realität zu verlassen und sie als Bezugspunkt zu verlieren, weshalb eine Verortung innerhalb der Welt der Texte umso wichtiger ist.

Oft meinen Verfasser von Memoiren, Autobiographien oder sogenannten wahren Erzählungen, sich um eine wie auch immer geartete Form der Legitimation für ihr Erzählen herumdrücken zu können, weil das, was sie behandeln, ja tatsächlich geschehen ist. Ihnen müsste man den Satz Derridas ins Stammbuch schreiben, um sie darauf hinzuweisen, dass sie sich irrtümlicherweise auf ein Außerhalb des Textes berufen und oft auch blindlings verlassen, das es in dieser Form nicht gibt. Sie meinen, man müsse nur einfach das in Sprache fassen, was geschehen sei, doch genau das ist nicht möglich, denn es gibt keine Verbindung von der Realität zum Text und noch nie hat der Verweis auf die Realität einen Text tatsächlich literarisch aufwerten können.

„ouch erkante ich nie sô wîsen man, / ern möhte gerne künde hân, / welher stiure disiu mære gernt / und waz si guoter lêre wernt." Und doch: „Zwar fand ich keinen Klugen noch, / der es nicht gern erführe doch, / zu welchem Ziel diese Märe fährt / und was für Lehren sie gewährt".
Natürlich möchten auch die Weisen wissen, wo die Geschichte hingeht, und das zu Recht, denn sich auf eine Erzählung einzulassen, fordert Geduld und Ausdauer und in der Regel ein Stück Lebenszeit. Wolfram ist also immer noch dabei, die Apologie seiner Erzählung zu verfassen, die er selbst im militärischen Duktus als etwas beschreibt, das mal ausweicht, mal nachsetzt, sich zurückzieht, dann wieder angreift. „swer mit disen schanzen allen kan, / an dem hât witze wol getân." – „Wer all diesen Chancen folgen kann, / ist an Verstand der rechte Mann". Ganz bewusst verzichtet Wolfram auf einen billigen Verweis in Richtung Realität, sondern verteidigt ganz direkt die Form seines Erzählens, die er selbst als unstet bezeichnet, also bedroht vom Absturz in die Hölle, und versucht den Leser mit Zuckerbrot und Peitsche, Lob und Tadel bei der Stange zu halten. Später ruft er zu diesem Zwecke noch Gewährsleute auf, seinen Kollegen und Zeitgenossen Gottfried von Straßburg, gegen dessen Überlieferung er sich wendet, und einen gewissen Kyot, dessen Erzählung er sich verpflichtet fühlt. Wie so oft im Leben, existierte zwar der Feind, Gottfried von Straßburg, jedoch nicht besagter Kyot, den sich Wolfram höchstwahrscheinlich selbst erfand – darin ganz Schüler von Borges –, ein imaginierter Vordenker und Überlieferer der ihm anvertrauten Erzählung, der er durch diese erdachte Expertise wohl mehr Glaubhaftigkeit verleihen wollte. Dabei hat auch Wolfram diese Erzählung natürlich nicht aus dem Nichts entwickelt, sondern sich auf andere Quellen, andere Texte gestützt, weshalb er sich innerhalb einer textlichen Tradition befand, die er fortführte und weitererzählte. Und genau daran

erinnert er den Leser, mehr noch aber sich selbst, denn es scheint der blinde Glaube an einen Außerhalb-Text selbst einen in der Wolle gefärbten Dichter wie ihn immer wieder als Versuchung zu überfallen. Betrachten wir also im Kontrast einmal das, was man gemeinhin Realismus nennt, um zu sehen, ob es dort anders zugeht als in der Welt der Fiktion.

„Am 18. März 1847 kam ich ermüdet und erschöpft von einem jener langen Spaziergänge nach Hause zurück, bei welchen ich die abgelegensten Gegenden aufsuchte, um dort meine düsteren Träume und meinen fortwährend aufgeregten Geist begraben zu können. Kaum hatte ich die Schwelle des Hauses übertreten, kaum war das alte Torgitter knarrend in die verrosteten Angeln gefallen, als mir der Pförtner einen Brief übergab."

Ein wunderbarer Anfang, der einen unwillkürlich in Beschlag nimmt und in die sich entwickelnde Geschichte hineinzieht. Es ist immer interessant, wenn sich ein unruhiger Geist auf langen Spaziergängen quält und beim Nachhausekommen einen Brief erhält, der für einen ersten Wechsel in der Geschichte sorgt. Doch bedauerlicherweise hält dieser Beginn nicht, was er verspricht, und das, obwohl beständig Menschen sterben, vielmehr hingerichtet werden, denn es handelt sich um den Anfang von Henri Sansons Memoiren *Tagebücher der Henker von Paris*. Es geht mir nicht darum, die Glaubwürdigkeit dieser Memoiren anzuzweifeln, vielmehr möchte ich kurz skizzieren, weshalb diese Memoiren, aus meiner Sicht, literarisch nur wenig taugen, obwohl sie ein interessantes Sujet behandeln, nämlich über 150 Jahre Geschichte einer Henkerdynastie. Natürlich kann man diesem umfangreichen Werk interessante Informationen entnehmen, doch obwohl Sanson, im Gegensatz zu Wolfram, gleich mit der Erzählung beginnt, will ihm keine Literatur gelingen, muss der Leser sich immer wieder den Grund in Erinnerung bringen, warum er dieses Buch überhaupt liest, denn die Erzählung selbst reicht nicht aus, um ihn gefangen zu nehmen. Um das zu begründen, möchte ich nur einen Aspekt herausgreifen.

Der Erzähler Henri Sanson, der zu Beginn der Memoiren von jenem Spaziergang zurückkehrt und einen Brief erhält, ist der letzte Henker seiner Familie. Der Brief ist übrigens seine Entlassung aus dem Staatsdienst. Somit ist die Geschichte der familiären Profession an ein Ende gekommen, und er nimmt diesen Moment als Möglichkeit, zurückzublicken und die Memoiren seines Geschlechts zu verfassen. Doch kaum verlässt er sein Vorwort, so verlässt ihn die erzählerische Souveränität, denn auch er meint nun, sich rechtfertigen zu müssen und sagt: „Wer aber Memoiren schreibt, beichtet." Dieser Hinweis soll einen gewissen Voyeurismus beim Leser schüren, denn in der Beichte wird genau über das gesprochen, was man im übrigen Leben zu verheimlichen sucht. Doch genügt es, den Verrat eines Geheimnisses in Aussicht zu stellen, um den Leser bei der Stange zu halten? Es ist kein ungeschickter Schachzug und wird deshalb häufig angewandt. Der Erzähler verspricht und vertröstet auf einen späteren Zeitpunkt, während er erst einmal etwas anderes erzählt. Reflexhaft harren wir aus, da wir im alltäglichen Leben auch gewohnt sind, ein Geheimnis nicht einfach so ohne weiteres anvertraut zu bekommen, vielmehr zuvor eine Art Prüfung zu durchlaufen, in der wir unter Beweis stellen müssen, ob wir des Vertrauens würdig sind oder nicht.

Sanson beginnt seine Familienchronik mit der Lebensbeschreibung des ersten Henkers in seiner Ahnengalerie, Charles Sanson de Longval. „Als er noch in der Wiege lag, starben ihm schon Vater und Mutter", heißt es da recht lakonisch. Nichts gegen Lakonie, Autoren wie Joseph Roth haben den lakonischen Erzählton perfektioniert und konnten mit wenigen Sätzen ein ganzes Leben zusammenfassen. Hier aber handelt es sich nicht um wirkliche Lakonie, sondern um erzählerische

Unbeholfenheit, da der Autor an dieser Stelle die Möglichkeit verschenkt, ein Gefühl zwischen uns, den Lesern, und Charles, seinem Helden, aufzubauen, ein Versäumnis, das er später mühsam und mithilfe von sprachlichen Hyperbeln wieder einzuholen versucht, vergeblich natürlich. Der Grund dafür liegt in seiner Konzentration auf die historischen Daten und einen gewissen Ablaufplan, denn eigentlich will er zum Onkel von Charles, dem Bruder der Mutter, der Charles und dessen älteren Bruder in sein Heim aufnimmt, wo sie zusammen mit ihrer Cousine Colombe aufwachsen, denn hier entspinnt sich das, so meint der Erzähler, für die Geschichte entscheidende Konfliktmaterial.

Sich auf die Fakten zu konzentrieren, ist jedoch beim Erzählen ein großer Fehler. Mag man auch denken, dass es um nichts anderes geht als das Transportieren von Information. Wenn der Autor mit den Gedanken bereits woanders ist, ein Ziel anvisiert, das er anschreibt, so werden die in diesem Geiste dahingeschriebenen Sätze inhaltsleer, auch wenn sie nicht immer in Form einer solchen Stilblüte erscheinen wie in diesem Fall. Man bemerkt jedoch unwillkürlich die mangelnde Konzentration des Erzählers, die automatisch auf den Leser überspringt. Ich möchte einmal eine Variante anbieten, zum Beispiel: „Er war nur wenige Wochen alt, da starb ihm die Mutter an Entkräftung von der schweren Geburt. Der Vater, vom Schmerz über den Tod seiner Frau geschwächt, hilflos im Umgang mit dem kleinen Knaben, folgte ihr, noch bevor Charles ein erstes Mal gelächelt hatte." Natürlich bewegen wir uns hier im Bereich des Kitsch, dennoch würde dieser eine zusätzliche Satz seine Wirkung nicht verfehlen und das Schicksal von Charles interessanter für uns machen. Oder noch anders: „Charles war nur wenige Wochen alt, da schloss an einem Samstagabend, kaum dass das Abendgeläut verklungen war, seine entkräftete Mutter für immer ihre Augen." Ich versuche mit Absicht keine literarisch hochwertigen Alternativen zu geben, sondern nur Möglichkeiten aufzuweisen, selbst innerhalb eines klischeehaften Erzählens eine Stimmung zu erzeugen.

Der von mir zum Vergleich gewählte Wolfram beschreibt die erste der beiden im Prolog des *Parzival* erwähnten Geburten, beide übrigens nachdem der Vater die Frauen verlassen hat, auch nur in einem Satz, aber dieser eine Satz ist so ungewöhnlich, das er ausreicht, uns sofort für den Neugeborenen zu interessieren. Der Knabe Fairefis weist nämlich eine Besonderheit auf, er ist schwarz-weiß gefleckt, wie die von Wolfram zu Beginn des *Parzival* erwähnte Elster. Wir haben also einen Knaben mit schachbrettartig gefärbter Haut, und gerade weil Wolfram diesen Umstand nur mit einem Vers und fast wie nebenbei erwähnt, folgen wir ihm mit umso größerer Spannung und versuchen selbst, eine Vorstellung des Beschriebenen zu entwickeln, eine eigene Logik aufzubauen und unsere Zweifel erst einmal zurückzustellen.

Im Vergleich zu den Memoiren des Henkers Sanson könnte man also als ein erstes, ganz praktisches Zwischenresultat formulieren: Für das ohnehin Ungewöhnliche eher wenige Worte verwenden, für das aber, was vielleicht nicht gerade alltäglich, aber eben in einem Lebenslauf nicht weiter unerwartet geschieht, wie etwa der Tod der Eltern, eine ungewöhnliche und deshalb einprägsame Formulierung finden. Wolfram hat zwar die Beschreibung des Jungen mit der Benennung der gefleckten Haut abgeschlossen, doch greift er nun zu einem sehr geschickten Mittel, um etwaige letzte Zweifel über das ungewöhnliche Aussehen des Knaben beim Leser zu verscheuchen. Er wechselt nämlich die Perspektive hin zur Mutter Belacane. Was macht die Mutter, als sie das schwarz-weiß gefleckte Neugeborene zum ersten Mal in den Armen hält? „diu küngin kust in sunder twâl / vil dicke an sîniu blanken mâl." – „Die Königin hat ihn oft geküsst / auf die Stellen, wo das Weiße ist." Auch sie nimmt die Tatsache der Gefleckheit als gegeben hin, noch mehr: die weißen Flecken erinnern sie an den im Gegensatz zu ihr weißen Vater und lassen ihre Sehnsucht nach ihm erneut erstehen. Damit knüpft Wolfram in nur vier Sätzen ein Dreieck zwischen dem abwesenden Vater, der gleichzeitig glücklichen wie traurigen Mutter und dem gefleckten Neugeborenen und erschafft damit ein Bild in uns, mit dem er seine Geschichte weiterentwickeln kann.

Um aber zu der Kindheit des zukünftigen Henkers Charles zurückzukehren: Er wächst auf, wird zum Mann und verliebt sich in seine Cousine Colombe, die seine Gefühle erwidert, allerdings dem älteren Bruder zur Frau gegeben wird. Charles reist daraufhin von Frankreich nach Quebec, also ans damalige andere Ende der Welt, um Colombe zu vergessen. Nach drei Jahren erreicht ihn ein Brief Colombes, in dem sie seine Hilfe erbittet. Sie gibt keinen Grund an, doch da er sie nicht vergessen hat, reist er sofort zu ihr, halb befürchtend, halb hoffend dass sein Bruder gestorben sein könnte. Was aber war geschehen? Der Bruder hatte einen epileptischen Anfall und war so unglücklich in den offenen Kamin gestürzt, dass er nicht nur mit Brandmalen bedeckt, sondern dabei auch erblindet war. Eine höchst interessante Konstellation, aus der Vladimir Nabokov seinen Roman *Gelächter im Dunkel* entwickelte, in der ein bei einem Autounfall erblindeter Mann von dessen Frau in ihrem gemeinsamen Haus hintergangen wird. Ich will damit nicht sagen, dass allein Untreue ein interessantes Motiv des Erzählens ist, Treue, Keuschheit, Gatten- bzw. Bruderliebe können ebenso packend geschildert werden. Nur geschieht dies in den Memoiren des Henri Sanson eben nicht, weil sich der Erzähler auf seine Hauptfigur, seinen Vorfahren, konzentriert und meint, es reiche, die Umstände zu erzählen, wie er zu einem Henker wurde, da diese sich ja tatsächlich so zugetragen haben.

60

Ich will dieses Negativ-Beispiel kurz zusammenfassen, um es endgültig zu verlassen: Der Bruder versucht, mit seiner keuschen Schwägerin den erblindeten Bruder zu pflegen, hält aber die Nähe zu der von ihm Geliebten nur schwer aus. Wieder entfernt er sich, wieder wird er zurückgeholt, nämlich als der Bruder stirbt. Nun scheint die Geliebte frei. Charles will mit ihr fliehen und einen Neuanfang versuchen. Sie treffen sich in einer Gewitternacht, er nimmt sie auf sein Pferd, das Pferd scheut und wirft beide ab, er trägt die Ohnmächtige mit letzter Kraft zu einem nahen Haus, wo er selbst zusammenbricht. Am nächsten Morgen erfährt er von der hübschen Tochter des Hauses, dass seine Schwägerin in der Nacht verstorben ist. Es gibt dann noch etwas Hin und Her, aber schließlich ehelicht er diese Tochter und heiratet so in die Henkersfamilie ein.

Als ich diese verwickelte Geschichte las, geschah etwas, das ich allein dem mangelhaften Stil der Erzählung zuschreibe, ich empfand diese Irrungen und Wirrungen als uninteressante, ja unlogische Umwege und dachte: Meine Güte, warum erst dieses ganze Hin und Her, wenn er doch die andere heiratet am Schluss? Der Biograph Sanson könnte darauf mit Recht einwenden, dass es nun einmal so geschehen sei, aber genau das spielt eben keine Rolle. Es kommt nicht darauf an, was geschehen ist, ebensowenig darauf, ob die Menschen, die geschildert werden, tatsächlich existiert haben oder nicht, denn im Text sind beide gleichermaßen nicht-existent beziehungsweise fiktiv. Wenn ich dem Hin und Her zwischen Bruder und Schwägerin nicht bereit bin, zu folgen, so liegt das daran, dass die Geschichte nicht entsprechend erzählt ist, dass sie, um nur zwei Punkte zu benennen, nicht die Logik des jeweiligen Moments erfasst und nicht auf jede der beteiligten Personen entsprechend achtet, um aus ihnen eine Absolutheit des Augenblicks zu kreieren, die mich überzeugt. Auch in Wolframs *Parzival* passiert viel, was mit Parzival nichts zu tun hat, der

Vater hat erst eine Bindung mit einer anderen Frau, verlässt diese, findet eine neue, verlässt auch diese, doch hier wird jede Begegnung in ihrer Einzigartigkeit geschildert, hier leben die Figuren weiter, obwohl von ihnen nicht mehr gehandelt wird, während der tote Bruder des Henkers Charles, die tote Schwägerin sofort aus der Erzählung und dem Gedächtnis getilgt werden. Sie spielen keine Rolle mehr, weil sie nie eine Rolle gespielt haben. Die Bewegung des Erzählens ist somit eine Zweifache, ich beobachte den Bogen der Erzählung in seiner Entwicklung, konzentriere mich aber auf den Moment, so als ginge es nur um ihn.

„Dem Arbeitsbuch zufolge ist er ihr nur dreimal begegnet. Das erste Mal an einem Sonntagnachmittag im Juli 1949, da benutzt er die rätselhafte Bezeichnung ‚die Frau auf dem astfreien Kiefernholzboden'. Das zweite Mal am 22. August 1958, in Södertälje. Das dritte Mal im November 1977. Er hatte offenbar versprochen, niemals etwas zu erzählen, niemandem. Aber inzwischen sind ja so viele Jahre vergangen. Da kann es jetzt auch egal sein."

Das ist ein Romananfang, dem ich einen zweiten Anfang entgegensetzen möchte: „In dieser isländischen Nacht im Dezember 1989 ganz klares Wetter. Man sieht die Sterne, aber kein Nordlicht. Wo ist es hin. Gegen vier Uhr am Nachmittag des 14. April 1998 geht er am stillgelegten Bahnhof von Skellefteå vorbei, geht langsam, um nicht aufzufallen, und sieht drei Männer auf der Treppe sitzen. Er erkennt ihn sofort. Es ist Jurma. Leichter Regen fällt." Diese Anfänge einer Geschichte stammen beide von dem schwedischen Autor Per Olov Enquist. Der erste aus dem Roman *Das Buch der Gleichnisse*, der zweite aus dem Buch *Ein anderes Leben*. Warum sind beide Anfänge interessant, obwohl sie nichts Außergewöhnliches schildern? Weil wir, um nur zwei Aspekte herauszugreifen, auf der einen Seite ganz präzise und genaue Informationen erhalten, der Hintergrund dieser Informationen aber im Dunkel bleibt; weil vor allem der Erzähler und die Situation seines Erzählens sofort mit in das Erzählte einfließen, und zwar bei beiden Anfängen, von denen der eine aus einem Roman Enquists und der andere aus seiner Autobiographie stammt. Für den Schriftsteller Enquist besteht offenbar kein Unterschied zwischen den Genres, da es für den Roman belanglos ist, ob er seinen Ursprung im Erlebten oder im Erdachten hat. Im Schreiben versöhnen sich faktuales und fiktionales Erzählen und werden Teil eines Textes, der sich immer weiterbildet und unsere Realität durchwirkt, ohne sich dabei immer direkt auf sie beziehen zu müssen.

In einem Gespräch mit Michel Houellebecq über eine Ausstellung mit seinen eigenen Fotografien sagt der Autor: „[Ich] finde [...] es ein bisschen prätentiös, wenn Fotografen oder Porträtisten glauben, sie könnten die Essenz eines Menschen in einem Bild einfangen. Deshalb ist es nur logisch, dass man auf meinen Fotos wenig Menschen findet, sondern vor allem Orte und Landschaften. Ich denke, die Essenz eines Menschen kann man wirklich nur mit Worten gut beschreiben."

Das heißt, Houellebecq fotografiert nicht Orte und Landschaften, um diese zu zeigen, sondern fotografiert sie als Kontexte, um sich der Essenz des Menschen zu nähern, die auf diesen Fotos gar nicht zu sehen sind. Das entspricht in seiner Negation einem Haiku von Basho, das folgendermaßen lautet:

„kono michi ya yuku hito nashi ni aki no kure"

Ich übersetze beinahe wörtlich, damit sich der Sinn der Konstruktion erschließt: „Auf diesem Pfad / Gehender Mensch nicht ist / Herbstabend." „Auf diesem Pfad / Kein Wanderer / Herbstabend" würde nicht dasselbe sagen, denn bei Basho kommt erst das Gehen, *yuku* oder *iku*, dann der Mensch, *hito*, und erst dann die Verneinung, *nashi*, es ist also eine Nichtung, die stattfindet. Basho lässt quasi existentialistisch den Menschen durch seine Tätigkeit, nämlich die des Gehens, vor unseren Augen entstehen, um sie sogleich zu verneinen. Weiter haben wir die fünf ersten Silben, die uns den Pfad zeigen, „kono michi ya", „dieser Pfad", *ya* wäre ein *kireji*, also ein Zeichen, das schneidet, das heißt, die einzelnen Teile voneinander trennt, und entspräche unserem Ausrufezeichen. Also: „Dieser Weg Ausrufezeichen", dann haben wir die letzten fünf Silben: „aki no kure", „Herbstabend". Und dazwischen ein abwesender Mensch, der diesen Pfad, der doch aus einem ganz bestimmten Grund, nämlich um ihn zu begehen, geschaffen wurde, nicht begeht, eine Nichtung, die den zu Beginn angerufenen Pfad, der auch als erstes ins Auge fällt, sinnlos zu machen scheint. Das ist die Stimmung dieses Herbstabends, die alles transzendiert und das Anwesende sinnlos erscheinen lässt durch das Abwesende, dessen Präsenz überwiegt.

Und eben auch das ist Realität und nicht nur das, was wir meinen, zu sehen und zu erleben, sondern gerade das, was wir nicht erleben, was nicht da ist, das, was wir nur ungenau erahnen, und natürlich auch das, was wir vermissen. So dass sich die Frage aufdrängt, ob die von Barthes und Blanchot und anderen angestrebte Transzendierung des Romans sich nicht bereits in der Beschäftigung des Romans mit dem Abwesenden zeigt.

Anmerkungen

S. 40 Roland Barthes, *Die Vorbereitung des Romans. Vorlesung am Collège de France 1978–1979 und 1979–1980*, übers. v. Horst Brühmann, Frankfurt a. M. 2008, S. 255, 261.

S. 42 Søren Kierkegaard, *Furcht und Zittern*, hrsg. v. Emanuel Hirsch, Hayo Gerdes u. Hans Martin Junghans, Düsseldorf 1950, S. 56.

S. 43 Roland Barthes, *Die Vorbereitung des Romans. Vorlesung am Collège de France 1978–1979 und 1979–1980*, übers. v. Horst Brühmann, Frankfurt a. M. 2008, S. 170.

S. 44 Ebd., S. 454 f.

S. 48 Matsuo Basho, *Basho. The Complete Haiku*, hrsg. u. übers. v. Jane Reichhold, Tokyo, New York, London 2008, S. 342 (Reichholds englische Übers. ins Deutsche übers. v. FW).

S. 49 Ebd., S. 365.

S. 50 Félix Fénéon, *Novels in Three Lines*, übers. v. Luc Sante, New York 2007, S. 94 (Übers. FW).

S. 51 John Desreumaux, *Land van schroot en knoken. Slachtoffers van ontploffingen in de frontstreek 1918–heden*, Leuven 2011, S. 265 (Übers. FW).

S. 52/53 Wolfram von Eschenbach, *Parzival*, übers. v. Wolfgang Mohr, Göppingen [2]1979, S. 1.

S. 53 Johann Wolfgang von Goethe, *Faust. Der Tragödie erster Teil. Mit Illustrationen von Josef Hegenbarth*, München 1989, S. 41.

S. 55 Wolfram von Eschenbach, *Parzival*, übers. v. Wolfgang Mohr, Göppingen [2]1979, S. 1.

S. 56 Henri Sanson, *Tagebücher der Henker von Paris. 1685–1847. Erster Band. Mit 20 Abbildungen*, Leipzig, Weimar 1983, S. 1.

S. 57 Ebd., S. 15, 20.

S. 59/60 Wolfram von Eschenbach, *Parzival*, übers. v. Wolfgang Mohr, Göppingen [2]1979, S. 32.

S. 62 Per Olov Enquist, *Das Buch der Gleichnisse. Ein Liebesroman*, übers. v. Wolfgang Butt, München 2013, S. 5.

S. 62 Ders., *Ein anderes Leben*, übers. v. Wolfgang Butt, München 2009, S. 5.

S. 63 Michel Houllebecq im Gespräch mit Kolja Reichert: „Den Menschen kann man nur mit Worten gut beschreiben", http://www.faz.net/aktuell/feuilleton/menschen-kann-man-nur-mit-worten-gut-beschreiben-14287103.html, Version vom 15.6.2016, Abruf am 19.9.2017.

S. 63 Matsuo Basho, *Basho. The Complete Haiku*, hrsg. u. übers. v. Jane Reichhold, Tokyo, New York, London 2008, S. 342, 393.

Das Ende des Romans

Mir ist bewusst, dass ich in hier ein recht breites Spektrum ausgebreitet habe, von Roland Barthes' Vorlesungen zur *Vorbereitung des Romans*, Kierkegaards Drei-Stadien-Lehre, über das Haiku und seinen kulturellen Kontext, die Drei-Zeilen-Novellen von Fénéon und Zeitungsartikel bis zu einem Vergleich von Wolfram von Eschenbachs *Parzival* mit der Familienbiographie des französischen Henkergeschlechts der Sansons sowie weiteren kurz angerissenen Belegen aus der Literatur. Ich wollte mit diesen Beispielen einen Weg aufzeigen für das, was Barthes die angestrebte Transzendierung eines Stoffs durch den Roman genannt hat, eine durchaus komplexe Bewegung, die jedoch eine Einfachheit anstrebt: den *Simple Song*, der aus dem Text entsteht, oder, wie Barthes sagt: „ein Werk in C-Dur". Ich habe den Roman in diesem Zusammenhang als Werk in einer Bewegung definiert, genauer einer Sprungbewegung über einen Graben oder vielleicht besser Abgrund hinweg, der zwischen dem Ästhetischen und dem Transzendenten liegt.

Die von mir als Beispiele herangezogenen Texte waren dabei ähnlich positioniert wie Kapitel und Erzählstränge in meinen Romanen, die nicht allein dem Fortgang des Narrativs dienen, sondern immer wieder von der Erzählung fort in Bereiche führen, die sich der Handlung nicht unbedingt zuordnen lassen, sich ihr sogar oft widersetzen, zumindest in einer gewissen Distanz zu ihr stehen: das, was ich als gegenseitige Beeinflussung von unterschiedlichen Entwicklungen, die Nach-vorn-Gehende, die Rückläufige, die Zur-Seite-Ausweichende, bezeichnet habe, aus denen ein Narrativ entsteht, das sich auf lineare Weise so nicht entwerfen ließe. Ähnlich verhielt es sich mit meinen auf ein Ziel hindeutenden Überlegungen zum Roman die ich mit scheinbar ausufernden Verweisen kontrastiert habe, Verweise, die zwischen sich und den zielgerichteten Überlegungen eine unter Umständen nicht auf Anhieb zu schließende Lücke erzeugt haben mögen, eine Lücke, aus der gerade durch eine Form des Widerstands, zumindest aber einer Reibung, bestenfalls das entstehen konnte, was ich zu Beginn der Vorlesungsreihe den Stimmungskontext genannt habe.

Dies mag, neben einem verständlichen Gefühl der Abwehr gegen den Vortragenden oder einem Hinterfragen meiner vermeintlichen Gründe, das alles hier so darzulegen, womöglich zu einer ganz bestimmten Empfindung geführt, die aus einem Gemisch von französischer Theorie, abgerissenen Händen, Affenmasken, leeren Wegen, Henkern und *Parzival* entstand. Dieses womöglich eher ungenaue Gefühl, diese Stimmung sozusagen, möchte ich noch einmal genauer betrachten und hier und da in einen Zusammenhang bringen, denn all die von mir angerissenen Themen haben direkt oder indirekt mit meiner Theorie des Romans zu tun.

Bei meinen Überlegungen, was Auslöser für eine Geschichte sein kann und wie die Entwicklung eines Narrativs funktioniert, habe ich bislang einen entscheidenden Punkt ganz bewusst unerwähnt gelassen, nämlich die Frage: Was eigentlich bringt einen Autor dazu, sich oft mit ganzer Lebenskraft über mehrere Jahre hinweg und dann immer weiter und immer wieder, meist ein ganzes Leben lang, mit dem Schreiben zu befassen und auseinanderzusetzen? Wir haben bereits gesehen, dass unterschiedliche Anstöße zu einer Erzählung, ganz zu schweigen von den bereits fertig vor einem liegenden Geschichten, sich oft als untauglich erweisen, den Schreibprozess zumindest längerfristig aufrechtzuerhalten und dass der Schreibimpuls vor allem durch den Willen bestimmt scheint, etwas in Erfahrung bringen zu wollen, womöglich das, wie John Ashbery sagt, was ich weiß.

Auch wenn es Autoren geben mag, die das Schreiben als Spiel und Vergnügen ansehen, ganz abgesehen von denen, die sich mithilfe des Schreibens Geld oder Ruhm verschaffen wollen, scheint der Impuls, das Verfassen von Texten als Beruf oder tägliche Praxis zu wählen, auf den Wunsch zurückzuführen zu sein, die eigene Existenz besser begreifen, mehr noch, den existenziellen Kern des eigenen Lebens im Schreiben darstellen zu können. Bestimmt hat das Schreiben auch etwas vom Spiel, vom Ausprobieren und wahrscheinlich wäre es unmöglich, eine Tätigkeit täglich über Jahre und Jahrzehnte zu verfolgen, die kein Vergnügen mit sich bringt oder besser in sich birgt, doch versteckt sich hinter diesem Spiel ein oft sehr ernster und existenzieller, ja nicht selten ein die eigene Existenz bedrohender Kern, auf den ich gleich zu sprechen kommen werde.

Wenn ich gesagt habe, dass meine Bücher, wenn es nach mir geht, gar nicht ausgelesen werden müssen, es mir sogar lieber ist, wenn ein nicht vollständig auflösbarer Rest in ihnen zurückbleibt, dann habe ich damit natürlich nur einen Aspekt benannt, den man auch ganz anders sehen kann, wie etwa Alain Robbe-Grillet, der 1963 in einem Gespräch in *Tel Quel* über seinen Roman *La Jalousie* sagt: „Es existiert keine andere Realität außerhalb der Sätze in diesem Buch, nichts entwickelt sich irgendwo anders als im Kopf des Erzählers, das heißt dem Autor und dem Leser. Seine Gegenwart erfindet sich selbst im Verlauf des Schreibens und sie erfindet sich ununterbrochen wieder, kaut sich immer wieder durch, modifiziert sich und widerspricht sich, ohne jemals zu versuchen, eine Vergangenheit zu konstituieren – also eine Geschichte – und wenn das

Buch zu Ende ist, bemerkt man, dass es nichts zurückgelassen hat, dass es sich im Verlauf seiner Entstehung ausgelöscht hat."

Wenn ich an dieser Stelle Robbe-Grillet nicht nur verstehe, sondern ihm ausdrücklich zustimme, heißt das, ich weiß selbst nicht, was ich will? Einmal soll der Roman nicht ausgelesen werden, dann am Ende rückstandslos verschwunden sein? Es handelt sich meines Erachtens um keinen Widerspruch, sondern um zwei Herangehensweisen an das sehr umfangreiche und komplexe Thema des Schreibens, zwei Herangehensweisen, die jedoch auf Ähnliches zielen, denn die völlige Auslöschung des Geschriebenen im Prozess des Entstehens, von der Robbe-Grillet spricht, verweigert sich einem suspekten Realismus auf noch viel konsequentere Weise.

Wenn ich an den Vorgang des Auslöschens des Geschriebenen im Schreiben selbst denke, so fällt mir unwillkürlich Gertrude Stein ein, die sich immer wieder damit beschäftigte, in ihren Texten kein Außerhalb des Textes entstehen zu lassen. Etwa hier in der dritten Stanze des dritten Teils ihrer *Stanzas in Meditation*: „Not while they do better than adjust it / It can feeling a door before and to let / Not to be with it now not for or / Should they ask it to be let / Can they be sent as yet / For can they can they need met / Way and away in adding regret to set / And he looks at all for his ball."

Etwas Ähnliches versuchte wenig später der *Nouveau Roman*, vor allem zu Beginn seiner Entstehung, etwa mit Nathalie Sarrautes *Tropismes* oder Butors *La Modification*, einzigartige Werke, doch in der Entwicklung dieser Bewegung und ihrer Autoren schwer in ihrer Singularität zu erhalten, so dass auch in den *Nouveaux Romans* das Narrativ hier und da und mehr oder minder heimlich zurückkehrte, was kein Vorwurf sein soll, denn die Avantgarde hat immer die etwas undankbare Aufgabe, durch einen radikalisierten Ansatz Möglichkeiten zu

70

eröffnen, die oft besser als Schorle oder *cum grano salis* zu genießen sind.

In einem Interview mit der *Paris Review* im Jahr 1965 sagt William Burroughs, er bewundere Beckett, doch während Beckett nach innen gehe, gehe er nach außen. Dieses Außen war aber auch bei Burroughs nicht die Realität, sondern das „„reality studio‘“, nicht Menschen, sondern „„person-impersonators‘ and image-junkies looking for a fix, with no aim save not to be shut out of the ,reality film‘“. Was wir Realität nennen, ist für Burroughs nur das Resultat eines defekten Wahrnehmungsprozesses, eines Dechiffrierungsapparats, der Amok läuft.

Ob man aber nach außen geht oder nach innen, bleibt sich im Wesentlichen gleich, sobald man versucht, sich von der strikten Trennung von Narrativ und Kontext zu lösen und die Textstruktur stattdessen als Netz aufzufassen, wie etwa das Netz Indras, das in unendliche Weiten und nach allen Seiten hin aufgespannt ist und an jedem Knotenpunkt einen Diamanten hat, in dem sich alle anderen Diamanten spiegeln: „In diesem Spiel der Repräsentation wird der Ursprungspunkt ungreifbar. Es gibt Dinge, Wasserspiegel und Bilder, ein endloses Aufeinander-Verweisen – aber es gibt keine Quelle mehr. Keinen einfachen Ursprung. Denn was reflektiert ist, zweiteilt sich *in sich selbst*, es wird ihm nicht nur sein Bild hinzugefügt. Der Reflex, das Bild, das Doppel zweiteilen, was sie verdoppeln. Der Ursprung der Spekulation wird eine Differenz. Was sich betrachten lässt, ist nicht Eins, und es ist das Gesetz der Addition des Ursprungs zu seiner Repräsentation, des Dings zu seinem Bild, daß Eins plus Eins wenigstens Drei machen.“ Dieses letzte Zitat stammt übrigens von Jacques Derrida, der sich weniger auf das Netz Indras bezieht, obwohl es geradezu für ihn geschaffen scheint, als vielmehr auf die antike Tradition der platonischen Höhle, in der sich zwischen Abbild,

Schatten und Realität keine genauen Unterscheidungen treffen lassen.

Ich möchte es bei dieser Andeutung über andere Formen des Textverständnisses belassen und zu dem Impuls zurückkehren, besser der dauerhaften Energie, vielleicht sollte man sogar vom Stachel im Fleisch sprechen, der einen in die paradoxale Verpflichtung treibt, trotz des Wissens, dass es kein Außerhalb des Textes gibt, im Schreiben dennoch, sei es durch die Auslöschung des Geschriebenen im Schreiben selbst oder durch die metaphysische Durchdringung, ein Ziel außerhalb des Schreibens anzustreben. Dazu möchte ich die allgemein bekannte Formulierung Roland Barthes' vom Tod des Autors aufgreifen und einmal ganz wörtlich nehmen, also nicht wie Barthes als eine Form der Entmachtung verstehen, um den Leser entstehen zu lassen, sondern als den physischen Tod des Schreibenden, um zu sehen, ob Reflexionen darüber, Vorwegnahmen, natürlich auch ein Ausweichen, davor das Schreiben nicht wesentlich und grundsätzlich beeinflussen.

Der Selbstmord spielt nicht umsonst eine große Rolle in der Literatur, und dort eben nicht nur als Thema, sondern auch als tatsächlich von Autoren ausgeführte Tat. Vielleicht scheint es nur so, dass unter Schriftstellern verhältnismäßig viele Selbstmörder zu finden sind, weil Dichter seit jeher den eigenen Tod, ob selbst gewählt oder nicht, zum Thema ihres Schreibens gemacht haben. Der bereits von mir erwähnte Hermann Burger etwa dachte in seinem *Tractatus logico-suicidalis* in 1046 Sätzen über den Selbstmord nach und nahm sich ein Jahr nach Erscheinen das Leben. Ebenso Édouard Levé, um nur einen weiteren von unzähligen Autoren zu nennen, der sein Manuskript mit dem Titel *Suicide* an seinen Verleger schickt und sich zehn Tage später umbringt, wie es auf dem Umschlag des Buches vermerkt ist, was ich natürlich mehr als bedenklich finde, da hier mit dem Verweis auf ein Außerhalb des Textes, einer Art Lebenswirklichkeit das literarische Werk aufgewertet oder beglaubigt werden soll, so als gehe es in der der Literatur um Abbildung von Realität.

Der Grund, warum ich diese Beispiele erwähne, hängt mit einer Verknüpfung zusammen, die zwischen dem Verfassen von Texten und der eigenen Existenz zu bestehen scheint und die für viele Autoren weit über das hinausgeht, was man als Experiment oder gar Spielerei bezeichnen könnte. Cesare Pavese, dessen Tagebuch unter dem Titel *Das Handwerk des Lebens* erschienen ist, notiert am 18. August 1950 als letzte Eintragung: „Je bestimmter und genauer der Schmerz ist, umso mehr schlägt der Instinkt des Lebens um sich, und die die Idee des Selbstmords sinkt. [...] All das macht Ekel. Nicht Worte. Eine Geste. Ich werde nicht mehr schreiben." Mit diesem letzten Satz, der den Entschluss, nicht mehr zu schreiben, auf paradoxe Weise schriftlich festhält, vielleicht überhaupt erst entstehen lässt, unterschreibt Pavese sein eigenes Todesurteil. Um es einmal ganz neutral zu formulieren: Das Projekt des Schreibens ist für ihn zu einem Ende gekommen. Das Schreiben hat sich zum Erreichen einer Lösung als untauglich erwiesen.

„Das Glück geht mir voraus, die Traurigkeit verfolgt mich, der Tod erwartet mich", das ist der letzte Eintrag in dem im Gegensatz zu Paveses Tagebuch literarischen Werk *Suicide* von Édouard Levé. Und Maurice Blanchot, der sich übrigens nicht umbrachte, sondern 96 Jahre alt wurde, schreibt in einem kurzen Text mit dem Titel *Der Augenblick meines Todes*: „Es blieb, wie auch immer, als die Exekution nur noch ausgeführt werden musste, ein Gefühl der Leichtheit, von dem ich nicht wusste, wie ich es übersetzen konnte: Befreit vom Leben? Eine Öffnung des Unendlichen? Weder Glück, noch Unglück. Auch nicht die Abwesenheit von Angst und doch bereits ein Schritt hin zum Jenseits. Ich weiß, ich stellte mir vor, dass dieses unerklärliche Gefühl alles änderte, was noch als Existenz für ihn bleiben würde. Als ob der Tod außerhalb von ihm nur noch mit dem Tod in ihm zusammentreffen könnte. ‚Ich bin am Leben. Nein, du bist tot.‘"

Ich muss mich noch einen Moment im Biographischen aufhalten, denn auch bei Blanchot gibt es ein direktes Erlebnis, ähnlich wie es Dostojewski hatte, nämlich eine bereits angeordnete Erschießung zu überleben, bei Blanchot 1944 durch deutsche Soldaten. Es stellt sich nämlich die Frage, ob es nicht vielleicht ein solches Trauma ist, das, auf seine Art eingekapselt und weggeschlossen, den lebensnotwendigen Impuls liefert, um sich mit einem Text auf existenzielle Art und Weise auseinandersetzen, da die Notwendigkeit des Textes, der Prozess seines Entstehens, seine Verkettung mit einem Kontext und mit anderen Texten, vor allem die immer während Überprüfung und Weiterführung, für den Autor quasi lebensnotwendig ist.

Es ist mir nicht möglich, an dieser Stelle auf die verschiedenen Theorien einzugehen, die sich mit Traumata und der Trauma-Forschung beschäftigen. Es gibt unterschiedliche Ansätze, denen aber allen gemein ist, dass sie einen Ausschluss des traumatischen Ereignisses aus dem allgemeinen Erinnerungskontext konstatieren. Der Psychiater Mark Epstein unterscheidet in seiner Beschäftigung mit der Verarbeitung von Traumata zwei Arten von Erinnerung, die in unterschiedlichen Bereichen verarbeitet werden, nämlich einmal im impliziten und einmal im expliziten Gedächtnis. Das implizite Gedächtnis ist bereits vorsprachlich vorhanden und speichert Fähigkeiten, die quasi automatisch abgerufen werden und nicht bewusst erinnert werden müssen. Es steuert damit motorische Fähigkeiten, aber auch soziale Interaktion. Das explizite Gedächtnis ist hingegen für die bewusste Erinnerung zuständig, weshalb es deklaratives oder narratives Gedächtnis genannt wird.

In Bezug auf das Trauma schreibt Mark Epstein: „Traumatische Erfahrungen, so wie wir sie zur Zeit verstehen, werden allein im impliziten Gedächtnis festgehalten. Therapeuten, die mit posttraumatischen Belastungsstörungen arbeiten, sind mit diesem Phänomen gut vertraut. Die emotionalen Reaktionen, die mit diesem Trauma in Verbindung stehen, leben im Körper der Traumatisierten in einer Form unendlicher Gegenwart weiter. Die traumatischen Reaktionen stehen für eine Bedrohung bereit, die der Patient bereits erlebt, aber nicht direkt erfahren hat. Die dissoziative Abwehrhaltung hält diese Erinnerungen in einem Ort gefangen, der normalerweise für motorisches und verhaltensbezogenes Erinnern zuständig ist. Das Trauma wird folglich nie von anderen Hirnrealen bearbeitet. Es können Teile durchsickern, wenn man geschwächt und müde ist oder äußere Anlässe eine Erinnerung hervorrufen, aber die Erinnerung selbst ist nur an den Spuren zu erkennen, die sie im Unbewussten und im Körper zurücklässt." Spuren von Spuren also, wie Derrida sagen würde.

Das Problem aber sind nicht nur allein die körperlichen Symptome, sondern auch das, was der Psychiater Robert Stolorow „unveränderliche und dauerhafte Organisationsprinzipien" nennt, die außerhalb des Einflusses von Reflexion oder neuer Erfahrung liegen. Zudem besteht die Gefahr, dass die abgekapselte traumatische Erfahrung unsere Wahrnehmung ausblenden und unseren Verstand in Beschlag nehmen kann. In den Worten von Mark Epstein: „Das Trauma nimmt uns aus der Zeit."

Ich möchte den Begriff des Traumas nicht entdramatisieren, aber doch etwas erweitern, so wie Mark Epstein im Titel seines Buches auch vom Trauma des Alltags spricht, natürlich doppeldeutig, weil das Trauma eben auch auf das alltägliche Leben einwirkt. Es muss also nicht unbedingt ein Lager oder ein Erschießungskommando sein, das man erlebt und überlebt haben muss, sondern es kann sich durchaus um ein ebenso dramatisch empfundenes privates Erlebnis handeln, einen Verlust oder ein persönliches Unglück. Denn taucht nicht in dem, wie Autoren ihre Arbeit und ihren Zugang zum Text beschreiben, genau das auf, was wir in der Trauma-Forschung wiederfinden? Entspricht die Sehnsucht nach einem Werk in C-Dur, dem *Simple Song*, dem Glück, das einem vorausging, nicht der Sehnsucht nach Heilung, nach Rückkehr zu dem vor-traumatischen Moment? Und ist nicht deshalb auch immer die Rede von einem Abgrund einerseits und einem nötigen Sprung andererseits, hinaus aus dem Ästhetischen etwa, das dem Sprung hinaus aus dem expliziten, dem narrativen Gedächtnis hin zum impliziten Gedächtnis entspräche? Das heißt das, was ich als Ziel vor mir vermute, liegt eigentlich hinter mir. Die Vorwärtsbewegung des Sprungs wäre also eine Rückwärtsbewegung; vielleicht ein Sich-Fallen-Lassen?

Auch Kierkegaard, der Philosoph der Lebensstadien und des Sprungs, und nicht zuletzt der Philosoph der Wiederholung, die in abgewandelter Form als Wiederholungszwang in der Neurose auftaucht, war selbst traumatisiert, nicht weil ihm direkt etwas geschehen wäre, sondern weil sein Vater sich versündigt hatte und er dessen Erbe sozusagen zwangsweise auf sich nehmen musste. Denn das gehört ebenfalls zu dem erweiterten Trauma-Begriff, die Übernahme eines fremden Traumas, für das es in der Literatur, wie wir noch sehen werden, ein sehr bekanntes Beispiel gibt. Spätestens hier aber befinden wir uns nicht mehr im rein individuellen Erleben, sondern im Überpersönlichen, für das das Individuum stellvertretend einen Ausdruck sucht. Rilke benennt diesen Zustand wie folgt: „Mir ist zumute wie einem, der Sie an Ihre Kindheit erinnern soll. Nein, nicht nur an Ihre: an alles, was je Kindheit war. Denn es gilt, Erinnerungen in Ihnen aufzuwecken, die nicht die Ihren sind, die älter sind als Sie; Beziehungen sind wiederherzustellen und Zusammenhänge zu erneuern, die weit vor Ihnen liegen."

Es wäre zu fragen, ob nicht gerade derjenige, dessen narratives Gedächtnis immer wieder und an verschiedenen Stellen unwillkürlich vom Trauma, das im impliziten Gedächtnis festsitzt, durchlöchert wird, genau an diesen geschwächten Stellen für eine kollektive Erinnerung empfänglich wird, eine Erinnerung, die nicht seine eigene ist, eben weil er noch nicht einmal seine eigene Erinnerung vollständig besitzt. Kann denn nicht gerade die Lücke, so wie ich sie beschrieben habe, die Lücke, die zwischen scheinbar unverbundenen Textteilen besteht, also im Text selbst vorhanden ist, eine Art des Stimmungskontexts erzeugen, der sich aus der körperlichen und unbewussten Erfahrung und damit aus der Erfahrung des impliziten Gedächtnisses speist? Das heißt, der Vorgang des Schreibens ist ein in sich absurder, denn wir wollen etwas erreichen, was wir nicht erreichen können. Je konsistenter, geschlossener aber unser Narrativ, desto weniger lückenhaft, desto weiter entfernt sind wir von anderen Teilen unserer Erinnerung, die sich nicht sprachlich manifestieren.

Eine kohärente Erzählung, detailreich, chronologisch sogar, so kann man es in Lehrwerken für Psychiater nachlesen, verweise darauf, dass die vorgetragene Geschichte womöglich nicht stimme. Das also, was der kommerzielle Literaturbetrieb gemeinhin einfordert, widerspricht zumindest den Schilderungsversuchen eines Traumatisierten, so wie sie sich in der Erfahrung der behandelnden Ärzte und Psychiater darstellen. Das also, was mit einem realistischem Narrativ in Verbindung gebracht wird, nämlich chronologisch, detailreich, linear und vor allem schlüssig zu sein, widerspricht dem Narrativ Traumatisierter, deren Erzählen, wohlgemerkt faktuales Erzählen, in der Regel anachronistisch, unzureichend und fragmentiert ist und meist mehrere Versionen eines Geschehens anbietet.

Ich habe bereits in Bezug auf die Traumsymbolik die Vermutung geäußert, ob nicht eine Entschlüsselung eine Veränderung des Entschlüsselten bewirkt, so wie auch eine Erkenntnis das Erkannte verändert. Nehmen wir einmal an, ein Psychiater oder Traumaforscher hat ein traumatisches Erlebnis. Er will dieses Erlebnis schildern. Wird er nicht automatisch die ihm bekannten Kriterien auf seine eigene Schilderung anwenden und womöglich in ihr auftauchende Stringenzen unterbinden, um gemäß der Theorie der faktualen Darstellung des Traumas glaubwürdig zu erscheinen? Kann nicht umgekehrt, was wahrscheinlich noch häufiger ist, ein Traumatisierter, der von den Ergebnissen der Trauma-Forschung nichts weiß, auf die Idee kommen, die Kriterien einer gutbürgerlichen Literaturkritik, die sich mit einer uralten Sehnsucht nach packenden Geschichten und einem gewissen gesellschaftlichen Konsens eins weiß, anwenden und unter Umständen eine kohärente Geschichte konstruieren zu wollen, die zwar völlig erfunden ist, aber gerade dadurch auf die darunterliegende, nicht von ihm zu artikulierende Traumatisierung verweist, weil sie aus ihr ersteht, vielmehr aus dem Bedürfnis, sie mitzuteilen zu wollen? Das geschlossene Narrativ des linear angelegten und auf ein Ziel zusteuernden Romans also als Kennzeichen einer Verdrängungsleistung?

Alan Gibbs stellt in seiner Untersuchung über *Contemporary American Trauma Narratives* zu Salingers *For Esmé – with Love and Squalor* fest, dass Salinger in dieser Erzählung experimentelle Techniken anwende, die mittlerweile üblicherweise in der Beschreibung von Traumata Verwendung fänden, nämlich die bereits genannte fragmentierte, nicht chronologische Erzählweise, aber auch der ständige Wechsel innerhalb der subjektiven Erzählebene. Gibbs schreibt: „Die Tatsache, dass die Geschichte als ganzes eine Simulation dessen ist, was Sergeant X für Esmé schreibt, liefert ein frühes Beispiel, wenn auch nur in Ansätzen, für das, was man Inskription oder Einschreibung nennen könnte, ein Vorgang, bei dem der narrative Vorgang teilweise oder ganz in den Text selbst eingebracht wird. Die Verbindung dieses Effekts mit der autobiographischen Schattierung des Textes, in dem sich Protagonist, Erzähler und Autor unauflöslich überlappen, lässt vermuten, dass eine hohe Stufe narrativer Komplexität ein notwendiges Mittel ist, um Traumata darstellen zu können. Dass dies mittlerweile eine gängige Perspektive in der Darstellung von Traumata ist, verdankt sich den Experimenten, die Schriftsteller wie Salinger unternahmen."

Gibbs geht mit dieser Aussage weit über den Gemeinplatz hinaus, dass sich faktuales Erzählen auch ästhetischer Mittel bedient, sondern sieht die literarischen Experimente von Schriftstellern innerhalb des fiktiven Erzählens als konstituierend für die sprachliche Repräsentation innerhalb des faktualen Erzählens. Da die beiden, meine Erachtens, im Wesentlichen nur intentional zu unterscheiden sind, besteht eine Verbindung zwischen ihnen, durch die sie sich gegenseitig beeinflussen. Diese Verbindung findet sich in dem Umstand, dass die Grundlage jeglichen Erzählens fiktional ist, da sie etwas entstehen lässt, was ohne diesen Prozess nicht existierte, gleichgültig ob es angeblich einmal wirklich da war, geschehen ist oder nicht. Dass es aber unsinnig sei, wie ein Germanist mir gegenüber einmal behauptete, im Präsens zu erzählen, halte ich für einen Fehlschluss, der den Verweischarakter des Erzählens betont, dabei aber vernachlässigt, dass dieser Verweis zweitrangig ist, da das Erzählte im Moment entsteht und sich deshalb aller Möglichkeiten bedienen kann und auch sollte, um diesen Moment greifbar zu machen.

Das Vorhandensein ästhetischer Mittel, um etwas auszudrücken, beeinflusst das faktuale Erzählen, wie Alan Gibbs angibt, ähnlich wie eine Theorie über einen Seinszustand, etwa eine

Krankheit oder ein psychisches Erleben, das Erleben dieses Zustands beeinflussen kann. So stellt Evelyn Hanzig-Bätzing in ihrem Versuch einer Fundierung von Subjektivität nicht allein fest, dass die Krankheitsbilder früherer Epochen „klarer umrissen" gewesen wären als heute, sondern vermutet an andere Stelle in Bezug auf das Borderline-Syndrom, dass die traditionelle Sichtweise der Psychoanalyse „korrekturbedürftig" sei, weil sie dieses Krankheitsbild nicht entsprechend zu kurieren wisse. Lese ich diese beiden Aussagen einmal zusammen und verbinde sie mit der Behauptung von Gibbs über die Beeinflussung des faktualen Erzählens, dann drängt sich mir unwillkürlich der nicht ganz neue Gedanke auf, dass das Vorhandensein einer Theorie unter Umständen das verändert, was sie theoretisch zu fassen versucht. Um etwa bei dem Beispiel der Krankheiten zu bleiben, dass die klarer umrissenen Krankheiten der Vergangenheit in verschiedene Richtungen diffundierten, gerade weil sie zu einem Zeitpunkt mithilfe einer Theorie klar umrissen wurden. Wird man die mit dieser Theorie nicht zu fassenden Krankheiten einmal analysieren und beschreiben können, werden sie zwar deutlicher umrissen sein, aber gleichzeitig Krankheiten ausbilden, die erneut unklar erscheinen, eben weil es dem Wesen der Krankheit entspricht, sich einer wohlgeordneten Nosologie zu verweigern.

Das würde übertragen auf die Romantheorie bedeuten, dass die Notwendigkeit, sich immer wieder mit der Form des Romans zu beschäftigen, aus den Bemühungen entsteht, schwer zugängliche Gefühlsformen, wie etwa das Trauma, darzustellen, und dies immer wieder aufs Neue tun zu müssen; also auch gerade dann, wenn scheinbar etwas besser fassbar geworden ist, sich nicht mit diesem Ergebnis zu begnügen, weil das Unfassbare immer weiterexistiert und sich in immer anderen Formen einem Ergreifen und Begreifen entzieht. Das heißt, die Beschäftigung mit der Form des Romans, mit der Art des Erzählens ist nicht eine Art Modeerscheinung, die etwas ablöst, dessen wir einfach überdrüssig geworden sind, sondern sie ist notwendiger Bestandteil des Erzählens, das immer auch ein Außerhalb von sich anstrebt, folglich seine eigene Auslöschung und Transzendierung, literarisch betrachtet, oder die Milderung, wenn schon nicht Auflösung, des traumatischen (Schreib-)Impulses.

Wenn wir von einer solchen Bewegung ausgehen, mit der wir ein Ziel anvisieren, das wir nur erreichen können, wenn wir über einen Abgrund hinwegspringen, sei es nun der Abgrund zwischen Ästhetik und Transzendenz oder der zwischen dem impliziten und expliziten Gedächtnis, so scheint mir diese Bewegung von einer Ebene zur anderen syntaktisch am ehesten in der Frage beheimatet, zumindest solange wir keine Antwort erhalten oder die Antwort suspendieren. Die Antwort nämlich verhindert eine Transzendierung, die von der gestellten Frage ausgelöst werden kann, da sie das direktive Element des Sprechakts auflöst und damit den von der Frage ausgelösten Prozess, den Sprung zwischen zwei Ebenen, nämlich der Formulierung einer Möglichkeit zur Antwort und der Antwort selbst, beendet. Es geht aber darum, dass die in der Frage angelegte Aufforderung erhalten bleibt, dass wir also im Sprung bleiben, denn wir sind losgesprungen, weil wir ein Ziel anstreben, um zu merken, dass sich das Ziel im Sprung selbst findet, da wir narrativ das implizite Gedächtnis genauso wenig erreichen wie den Zustand der Transzendenz. Dennoch löst der ganz natürlich in der Frage angelegte Reflex, die Antwort mitzudenken, diese Bewegung aus, innerhalb derer wir merken, dass das Annehmen der Frage als Weisung der Sinn der Frage ist und nicht, die vermeintliche Antwort, die die Frage auflöst, also beendet, wenn nicht sogar abwehrt.

Um diese Kraft der Frage zu verdeutlichen, möchte ich zwei Beispiele nennen. Als Erstes die *Physikalischen Schriften nach*

Nummern geordnet 38 von Aristoteles, ein Teil seiner Lehrschriften. Dort stellt Aristoteles, geordnet nach 38 Sachgebieten, hunderte von Fragen, die er anschließend selbst beantwortet. Ich möchte einige dieser Fragen vorlesen: „Warum hallen frisch gestrichene Häuser stärker?

Warum steckt manche Krankheit an, wenn man sich nähert, Gesundheit dagegen nie?

Warum ist es für den Arm ermüdender, mit leerer Hand zu werfen als mit einem Stein?

Warum ermüdet eine ebene Fläche den Liegenden mehr als eine hohle?

Warum pflegen junge Leute diejenigen, mit denen sie in der Reifezeit zuerst Umgang gehabt haben, nachher zu hassen?

Warum legt man einen Becher auf die Beule?

Warum wird Weizenmehlteig durch Kneten hell, Gerstenbrot dunkler?

Warum friert das Auge nicht, das doch sonst der empfindlichste Körperteil ist?"

Die Wirkung, die diese Fragen in dem entfalten, dem sie gestellt werden, kann durch eine Antwort nur geschwächt werden und wird es auch, während man umgekehrt, wenn man bei der Frage selbst bleibt, von einer Bewunderung erfasst wird, nicht nur gegenüber der genauen Beobachtungsgabe des Aristoteles, sondern auch gegenüber seiner Fähigkeit, überhaupt solche Fragen zu formulieren, die uns das Gewohnte fragwürdig, wenn nicht sogar fremd erscheinen lassen und uns andere, dahinterliegende Ebenen aufweisen, also einen Kontext evozieren. Warum sollte man überhaupt mit einer leeren Hand werfen, frage ich mich, oder was bedeutet der Becher, den man auf die Beule pressen soll, ist er nur ein Gegenstand, den man gewöhnlich bei der Hand hat oder bedeutet er mehr? Und es stimmt, warum war ich noch nie darauf gekommen, dass man sich doch eigentlich auch an Gesundheit anstecken müsste können?

Ein zweites Beispiel für die transzendierende Kraft der Frage findet sich im *Lucidarius*, einem Werk, das um 1100 als lateinische Schrift auftaucht und innerhalb kürzester Zeit in viele Sprachen übersetzt wird und in Hunderten von Handschriften in ganz West-Europa zirkuliert. In diesem *Lucidarius* werden gut vierhundert Fragen zum christlichen Glauben gestellt und beantwortet, und auch hier findet sich, meines Erachtens, in den Fragen, die als Inhaltsverzeichnis hintereinander aufgelistet werden, eine tiefere metaphysische Wahrheit als in den Antworten.

Einige Beispiele:

„Wie viele Stunden war Christus tot?

Warum war er vierzig Stunden tot?

Warum hat er zwei Nächte und einen Tag im Grab gelegen?

Wohin ging seine Seele nach dem Tod?

Warum ist er nicht direkt nach seinem Tod auferstanden?

Warum ist er so schnell auferstanden?

Warum am ersten Tag der Woche?

Warum am dritten Tag seines Leidens?

Wo ist er die vierzig Tage nach seiner Auferstehung geblieben?

Welche Form hatte er nach seiner Auferstehung?

In welcher Form sahen ihn die Jünger?

War er angekleidet?"

Diese Fragen klingen schon anders als die Fragen des Aristoteles', denn sie bewegen sich in einem festgesteckten Rahmen, den der Fragende selbst sehr gut zu kennen scheint. Hier öffnet sich nichts wirklich Neues für ihn, sodass die Frage nicht diese starke direktive und loslösende Wirkung hat und eher zufällig in fragwürdige Bereiche führt, etwa an der Stelle, wo es um den Kreuzestod geht.

Zuerst möchte der Frager wissen: „Warum wollte er am Holz sterben? Quare voluit mori in ligno?"

Um genauer nachzufragen: „Warum am Kreuz? Quare in cruce?"

Dann zu präzisieren: „Warum erlaubte er, dass man ihm fünf Wunden zufügte? Quamobrem permisit sibi quinque vulnera infligi?"

Und schließlich auf die entscheidende Frage zu kommen: „War sein Tod so viel wert, dass alle Sünden hinweggenommen wurden? Valuit mors ejus ad exhaurienda omnium peccata?"

Die darauf gegebene Antwort reicht dem Fragenden nicht aus, denn er setzt nach: Beweise es. Proba. Tatsächlich bedeutet dieses *proba* aber nicht eine Aufforderung zur genaueren Auslegung, auch wenn darauf eine solche folgt, sondern ist Ausdruck des eigenen Widerspruchs gegenüber diesem ungeheuren Geschehen, denn als ihm eine weitere Beweisführung vorgelegt wird, stellt er eine der wenigen Male keine Frage, sondern ruft aus:

Nequaquam, also keineswegs, auf gar keinen Fall, nämlich würde er Christus töten, auch wenn dadurch die Welt gerettet würde.

Dieser Kommentar, der wie ein naives Glaubensbekenntnis erscheint, das dem gläubig Fragenden spontan entweicht, führt uns tatsächlich in eines der vielen Paradoxa des Glaubens, nämlich einer Tradition anzugehören, die sich genau auf diesen Kreuzestod gründet, es aber gleichzeitig oder gerade deshalb für unvorstellbar zu erachten, selbst an der Ausführung dieser Bedingung teilgenommen zu haben. Natürlich sind immer die anderen die Mörder, die Ungläubigen, aber müsste es einen nicht nachdenklich stimmen, dass diese Ungläubigen den eigenen Glauben erst ermöglicht haben?

Noch einen letzten Bereich möchte ich benennen, in dem die Frage ganz grundlegend zur Transzendierung benutzt wird, nämlich in der Rinzai-Schule des Zen, die mit sogenannten

Koan arbeitet. Koan sind Fragen oder kleine Erzählungen, die der Schüler von seinem Meister gestellt oder erzählt bekommt und die er in der Meditation bearbeiten soll. Um erleuchtet zu werden, muss er eine Antwort auf eine Fragen finden, die sich nicht beantworten lässt, da sie paradox, manchmal auch völlig banal angelegt ist, sich immer aber auf gewisse Weise dem Zugriff entzieht. Bekannteste Koan sind die Fragen nach dem Klang der einen Hand beim Klatschen oder dem eigenen ursprünglichen Gesicht oder warum Bodhidharma aus dem Westen kam oder ob ein Hund ebenfalls Buddha-Natur hat, worauf Zhao-zhou antwortete: „Wu". Das heißt, er machte einerseits das Bellen nach und sagte anderseits „Wu", was im Chinesischen „nein" oder „nicht" bedeutet. Er bestätigte folglich durch den Sprechakt, verneinte durch die Semantik. Schon im Japanischen, wo das „Wu" „Mu" ausgesprochen wird, hätte die Antwort einen Teil ihrer Schärfe eingebüßt, es sei denn, man würde nach der Buddha-Natur einer Kuh gefragt. Doch, und das ist das wesentliche Element des Koan, gibt es keine Antwort, die jederzeit und für jeden gültig wäre. Die Antwort muss aus dem Befragten selbst kommen und in erster Linie die Überwindung der Frage unter Beweis stellen. Für uns Europäer strahlen diese Geschichten etwas Exotisches aus, womit wir sie auf Distanz von uns halten und damit verfehlen, denn ein Koan kann seine Wirkung nur entfalten, wenn es zur entscheidenden existenziellen Frage wird, was schon der Name Koan ausdrückt, der die öffentliche Verkündung eines Gesetzes beschreibt, etwas also, das man befolgen muss, so als würde man über einem Abgrund hängen und sich nur noch mit den Zähnen an einem Ast festhalten, um dann eine Frage gestellt zu bekommen, auf die man antworten muss, wie es in einem anderen Koan heißt; die Frage als glühende Eisenkugel im Hals, die man weder herunterschlucken noch ausspucken kann. Deshalb erfinden zeitgenössische Zen-Meister, wie etwa der Koreaner Seung Sahn, zeitgenössische Koan wie etwa dieses: „Ein Mann kommt in die Meditationshalle und drückt seine Zigarette auf der Buddha-Statue aus. Was machst du?" Hier steht der Schüler vor einem tatsächlichen Dilemma, das nicht ohne Weiteres aufzulösen ist. Er weiß, dass die Buddha-Statue nur eine Statue ist, die keine besondere Bedeutung hat – wie es unter anderem die Geschichte beschreibt, in der zwei Mönche bei großer Kälte den Holz-Buddha ihres Tempels verheizen –, gleichzeitig handelt es sich um eine Geste der Missachtung, die eine Reaktion erfordert, sodass die eigentliche Frage lautet: Wie kann ich dieser Missachtung begegnen, ohne dabei eine in sich wertlose Statue über den Menschen zu stellen? Dieses Problem kann schnell zu einer Herausforderung werden und, wenn ernst genommen, vielleicht wirklich zu einer Transzendierung führen.

Auch im *Parzival* spielt die Frage eine entscheidende Rolle, nämlich als die von Parzival auf der Gralsburg Munsalvaesche versäumte Frage. Es handelt sich hier um eine der entscheidenden Stellen des *Parzival*, die nicht einfach und schon gar nicht eindeutig zu deuten ist, dennoch möchte ich eine Interpretation im Sinne der von mir vorher aufgezeigten Theorie von implizitem und explizitem Gedächtnis versuchen. Parzival erreicht die Gralsburg zufällig, denn eines ihrer Merkmale besteht darin, dass man sie nicht bewusst suchen kann, da sie sich einem gerade dann entzieht. Diese unbewusste Suchbewegung entspräche der Bewegung des impliziten Gedächtnisses zu einem Inhalt, der narrativ suchend nicht entschlüsselt werden kann. „swer die suochet flîzeclîche, / leider der envint ir niht. / vil liute manz doch werben siht. / ez muoz unwizzende geschehen, / swer immer sol die burc gesehen." – „Wer es selbst will erreiten, / ach, der trifft es nimmermehr, / und doch bemühn sich Viele sehr. / Es kann unwissend nur geschehen, soll einer diese Stätte sehen."

Ohne es also bewusst zu wollen, gelangt Parzival auf die Gralsburg, wo man ihn in wertvolle Gewänder kleidet und an einem
Festbankett teilnehmen lässt, bei dem zuerst eine blutende
Lanze durch den Saal getragen, daraufhin „ein Ding, das hieß
‚der Gral‘", (ein dinc, daz hiez der Grâl) hereingebracht wird.
Dieses „Ding", wie Wolfram sagt, wird bezeichnenderweise
nicht genauer beschrieben. Bei Chrétien de Troyes ist der Gral
ein Kelch, der mit der blutenden Lanze in direkter Verbindung
steht, bei Wolfram an diesem Punkt der Erzählung etwas Un-
definiertes, das vielfältige Speisen für die vierhundert Ritter
hervorbringt. Später erfahren wir, dass es sich um einen wert-
vollen Stein handelt. Dass aber Wolfram an dieser Stelle eine
Beschreibung des Grals, um den sich ja einiges, wenn nicht
sogar alles dreht, verweigert, ist von einer unglaublichen literarischen Raffinesse, weil er uns, seine Leser, damit gleichermaßen sprachlos macht und in genau den Zustand hineinführt, in
den Parzival versetzt wird.

Alles andere, was dieses ausgesparte und mit Schweigen
belegte „Ding" umgibt, bekommen wir hingegen sehr ausführ-
lich beschrieben: die Platte, auf die der Gral gestellt wird; die
Anzahl der Jungfrauen, die dem Gral vorausgehen; die Gestalt
der Lichter, die sie tragen; Stoff und Schnitt von Repanses
Kleid; das Betragen der Ritter. Doch dienen diese detaillierten
Schilderungen allein dazu, die Aussparung der Grals-Beschrei-
bung umso deutlicher hervortreten zu lassen. Obwohl wir also
der Sprache mächtig sind, werden wir in Bezug auf ein be-
stimmtes Ding, ein Objekt, und an diese Stelle können wir natürlich auch ein Ereignis, also das Trauma setzen, in den Bereich der Vorsprachlichkeit zurückgeführt oder genauer an die
Grenze zum Spracherwerb, denn wir können gerade einmal mit
Wolfram darauf deuten und es als „Ding" bezeichnen. Das
heißt, wir wissen, dass es dieses Ding gibt, dieses Trauma, ohne
es aber genauer beschreiben oder näher fassen zu können.

Einmal so eingestimmt, erscheint es uns vollkommen verständlich, dass Parzival in diesem Moment keine Frage stellt. Wir empfinden seinen Sprachverlust mit ihm, schauen mit ihm auf das, was geschieht, also was beschrieben wird, und hoffen, dass wir durch den weiteren Verlauf der Erzählung eine Antwort erhalten, durch die sich das auflöst und erklärt, was uns jetzt unbegreiflich ist. Doppelt verständlich wird Parzivals Schweigen, wenn wir uns in Erinnerung rufen, dass er in der Vergangenheit immer wieder als ungebildeter Bauerntölpel bezeichnet worden ist. Ist es da nicht folgerichtig, dass er sich in der feinen Gesellschaft erst einmal zurückhält? „durch zuht in vrâgens doch verdrôz. / er dâhte ‚mir riet Gurnamanz / mit grôzen triwen âne schranz, / ich solte vil gevrâgen niht. / waz op mîn wesen hie geschiht / die mâze als dort pî im? / âne vrâge ich vernim / wiez dirre massenîe stêt.‘“ – „Er fragte nicht, aus Höflichkeit. / Er dachte: ‚Gurnamanz der riet / in treuer Liebe, eh ich schied, / nicht viel zu fragen alsobald. / Vielleicht verläuft mein Aufenthalt / auch hier, wie bei ihm es war: / Ohne Fragen erfahr’ / ich dann, wie’s um die Leute steht.‘“ Damit drückt er gleichzeitig die Hoffnung des Lesers aus, dem ja ebenfalls die direkte Frage an den Text verwehrt ist. Doch nichts klärt sich von selbst, stattdessen wird Parzival aus der Masse der Gäste herausgehoben, denn der Gastgeber lässt ihm von einem Knappen ein wertvolles Schwert überreichen, das er selbst einst führte, bevor er schwer verletzt wurde. Parzival ist nun direkt angesprochen, doch da ihn dieses „Ding“, der Gral, und die Situation des Festmahls sprachlos gemacht haben, kann er selbst jetzt, wo es die Höflichkeit erfordern würde, sich nach dem Leiden des Gastgebers zu erkundigen, nicht fragen, sondern lässt auch diese Gelegenheit ungenutzt verstreichen.

Das Bankett wird beendet, Parzival in sein Gemach gebracht, wo er unruhig und mit schweren Träumen schläft, das heißt, er versucht den in der Realität versäumten Zugang über das Unbewusste zu finden, in dem sich das Trauma, wenn auch entsprechend fragmentiert und verzerrt, als Spur einer Spur zeigt. Am nächsten Morgen wacht Parzival auf, kleidet sich an, nimmt die beiden Schwerter, seines und das geschenkte, und sucht im ganzen Schloss nach seinem Gastgeber, ohne auf ihn oder einen anderen Menschen zu treffen. Glücklicherweise entdeckt er sein Pferd im Hof, besteigt es und reitet durch das Burgtor davon. Die Zugbrücke geht direkt hinter ihm hoch und plötzlich erscheint auf der Zinne ein Knappe, der ihm nachruft: „,ir sult varen der sunnen haz,' / sprach der knappe. ,ir sît ein gans. / möht ir gerüeret hân den flans, / und het den wirt gevrâget! / vil prîss iuch hât beträget.'" – „,Bleibt, wo nie die Sonne scheint!', / rief der Knappe. ,Ihr seid ein Gaul! / Hättet ihr aufgetan das Maul, / den Herrn der Burg zu fragen! / Jetzt liegt euer Ruhm zerschlagen.'"

Die Situation ist unwiderruflich abgeschlossen, die Gralsburg versperrt, wir haben keinen Einfluss mehr auf das Geschehen, so wie wir auf das Trauma keinen bewussten Einfluss nehmen können, vielmehr erfahren wir erst im Nachhinein, quasi als Diagnose unseres Zustands, von unserem Versäumnis.

Die Beschimpfung des Knappen ist nur die erste einer Reihe von Verhöhnungen, die jetzt folgen und von denen ich nur noch die Sigunes zitieren möchte, weil sie das Frageversäumnis gegenüber Parzival präzisiert: „iuch solt iur wirt erbarmet hân, / an dem got wunder hât getân, / und het gevrâget sîner nôt. / ir lebt, und sît an sælden tôt." – „Daß euch nicht euer Wirt gejammert hat, / an dem Gott Grauenvolles tat, / und fragtet nicht nach seiner Not! / Ihr lebt, und euer Heil ist tot!" Man lebt zwar, aber man ist innerlich tot, ein Widerspruch, mit dem sich zum Beispiel auch Blanchot in seinen Texten immer wieder auseinandersetzt.

Diese Vorwürfe von allen Seiten führen zu einer tiefen Krise im Leben Parzivals, die Chrétien de Troyes ganz wunderbar schildert: „Die Geschichte sagt uns, dass Parzival den Glauben an Gott derart verlor, dass er sich nicht mehr seiner entsann. April und Mai vergingen fünf Mal, was fünf ganze Jahre macht, ohne dass er in ein Kloster ging, um Gott an seinem Kreuz zu ehren." Chrétien de Troyes beschreibt das Herz von Parzival als leer, während er fünf Jahre, man könnte sagen bewusstlos, umherzieht und sich in Kämpfe stürzt, als wäre ihm sein Leben nichts mehr wert.

Ist das nicht genau Kennzeichen des traumatischen Erlebens oder Nachlebens, dass unser Leben und Erleben im Alltag, wie Mark Epstein schreibt, „vom Trauma gekidnappt" wird? Das Erlebnis in der Gralsburg ist die Erkenntnis, dass es etwas gibt, ein „Ding", das hervorbrechen kann und dem ich stumm und starr gegenüberstehe, ohne mich ihm nähern oder widersetzen zu können. Ich erlebe eine Distanz zu mir selbst, einen Riss oder Bruch in mir, oder um es mit Rimbaud zu sagen: Ich ist ein Anderer, aber ein Anderer, dem ich auf Gedeih und Verderb ausgeliefert bin. Ist es aber darüber hinaus nicht eine Art vererbtes oder übernommenes Trauma, mit dem es Parzival zu tun hat, denn es geht nicht um seine eigene Wunde, sondern um die Verletzung des Fischerkönigs, die aber zu seiner eigenen Verletzung, seinem eigenen Trauma wird, das ihn aus der Zeit wirft? Kierkegaard habe ich als verwandtes Beispiel bereits genannt. Das Kind, das nicht sprechen kann, müsste nach dem Leid der Eltern fragen, um sie zu erlösen. Eine unmögliche Aufgabe, aus der das eigene Trauma entsteht, und mit ihm die Suchbewegung, die zwingend wird für Parzival und bestimmend für sein Leben, um schließlich nicht nur den Fischerkönig Anfortas, sondern gleichzeitig sich selbst mit der Frage zu erlösen: „œheim, waz wirret dier?" Und auch diese Frage zielt auf keine Antwort, sondern hat ihre Bedeutung allein im Gefragt-Werden, das eine Heilung des Traumas in die Wege leiten kann.

90

In seinem Nachwort zu Georges Batailles *Die innere Erfahrung*
(*L'expérience intérieure*) schreibt Maurice Blanchot: „‚L'expérience intérieure' ist die Antwort, die den Menschen erwartet,
wenn er entschieden hat, nur noch Frage zu sein. Diese Entscheidung drückt die Unmöglichkeit der Zufriedenheit aus. In
der Welt haben ihn die religiösen Glaubensformen gelehrt,
die unmittelbaren Interessen, die Tröstungen des Augenblicks
ebenso in Frage zu stellen wie die Gewissheiten eines unvollendeten Wissens. Wenn er etwas weiß, weiß er, dass die Beruhigung nicht beruhigt und dass es in ihm eine Forderung gibt,
der nichts in diesem Leben gleichkommt. Darüber hinausgehen,
über das hinaus, was er verlangt, was er erkennt, was er ist, das
findet er auf dem Grund alles Verlangens, aller Erkenntnis und
seines Seins." Blanchot spricht also nicht nur von einer fragenden Haltung, die wir im Leben oder in der Literatur einnehmen, sondern von einer existenziellen Entscheidung, nämlich
der, selbst nur noch Frage zu sein. Er schreibt weiter: „Das
Nichtwissen verweist in die Nacht, was ein Mensch von sich
selbst weiß. Das besagt zweierlei: zuerst, dass das Grundwissen, das mit dem faktischen Existieren verbunden ist, beiseitegelassen wird; dann, dass das faktische Existieren selbst bestritten wird, nicht mehr als möglich betrachtet und gelebt
wird. Das Nichtwissen beginnt also damit, Abwesenheit von
Wissen zu sein; es ist das Wissen, vor das die Vernunft die
Negation gesetzt hat, das sie durch eine qualvolle Anstrengung
der Erkenntnis ausgeklammert hat." Wenn ich diese Aussage
Blanchots auf die von mir auf den Roman übertragene Unterscheidung von implizitem und explizitem beziehungsweise
narrativem Gedächtnis anwende, dann hieße das, dass ich das
narrative Erinnern oder das faktuale Erzählen beiseitelasse, weil
ich es als nicht länger zielführend erkannt habe. Ich liefere
mich damit dem Nichtwissen aus, da das Wissen um die Erfahrung im Bereich des impliziten Gedächtnisses liegt und narra-

tiv nicht zu erreichen ist. Die „qualvolle Anstrengung", mit der die Vernunft dieses Wissen ausgeklammert hat, wie Blanchot sagt, entspräche dann dem immer wieder beschriebenen Zustand, das Trauma von der Assoziationskette auszuschließen, damit es nicht unerwartet hervorbricht. Um diese Lücke zu kaschieren, setzen wir an ihre Stelle oft eine geschlossene, jedoch erfundene, besser konfabulierte Geschichte. Der Roman aber, so wie ich ihn verstehe, lässt die Lücke nicht nur bestehen, sondern zeigt sie und setzt sich ihr aus.

Bataille beschreibt diese innere Erfahrung folgendermaßen: „Vergessen von allem. Tiefes Hinabsteigen in die Nacht der Existenz. Unendliches Flehen der Unwissenheit, Ertrinken in der Angst. Über den Abgrund hingleiten und in der vollständigen Dunkelheit das Entsetzen spüren, das von ihm ausgeht. Erzittern, verzweifeln in der Kälte der Einsamkeit, im ewigen Schweigen des Menschen (Torheit eines jeden Satzes, trügerische Antworten der Sätze, nur das verrückte Schweigen der Nacht antwortet). Das Wort Gott, sich seiner bedient haben, um den Grund der Einsamkeit zu erreichen, aber seine Stimme nicht mehr kennen und hören. Sie ignorieren. Gott als letztes Wort, das sagen will, dass kurz darauf jedes Wort fehlen wird: die eigene Beredtheit bemerken (sie ist nicht zu vermeiden), darüber lachen bis zum blöden Stumpfsinn (das Lachen braucht nicht mehr zu lachen, das Schluchzen nicht mehr zu schluchzen). Noch weiter, und der Kopf zerspringt: der Mensch ist nicht Kontemplation (er findet Frieden nur, indem er ausweicht), er ist Flehen, Krieg, Angst, Wahnsinn."

Auch bei Bataille stoßen wir also auf den Abgrund, über den er „hingleitet" und dessen „vollständige Dunkelheit des Entsetzens" er spürt. Bereits Lessing spricht vom „garstigen breiten Graben" und meint damit den Graben der Geschichte, die uns im Glauben nicht weiterhilft, da sie vergangen ist und wir aus ihr weder Auferstehung noch Erlösung ableiten oder gar beweisen können. Auch dieses Bild, dass die Erlösung auf etwas beruht, das für uns nicht fassbar, gleichzeitig ursächlich mit ihr verbunden ist, ließe sich leicht im Sinne des Traumas umdeuten. Und natürlich spricht Kafka über den Abgrund: „Die Wahrheit ist immer ein Abgrund. Man muß – wie auf der Schwimmschule – den Sprung von dem schwankenden Brett der schmalen Alltagserfahrung wagen und in der Tiefe versinken, um dann – lachend nach Atem ringend – an der nun doppelt lichtdurchfluteten Oberfläche der Dinge aufzutauchen." Eine Aussage, zu der es viel zu sagen gäbe, gerade zur phänomenologischen Betrachtung der Oberfläche der Dinge, die uns wieder zu Wolfram und dem ebenfalls nur oberflächlich wahrnehmbaren „Ding" führt. Aber noch zwei weitere Äußerungen Aussagen Kafkas scheinen mir in diesem Zusammenhang von Bedeutung. Zum einen: „Der Weg zur Wahrheit hat keinen Fahrplan. Hier gilt nur das Wagnis der geduldigen Hingabe. Ein Rezept wäre schon ein Zurückweichen, ein Mißtrauen und damit schon der Anfang eines Irrwegs." Man erreicht die Gralsburg nur, wenn man nicht nach ihr sucht, ein Rezept, wie ein Roman zu verfassen ist, ein Text überhaupt, kann nur ein Irrweg sein, weil etwas vorgegeben wird, das wir erst im Prozess des Schreibens selbst erarbeiten müssen. „Nein, nein!", sagt Kafka. „Alles, selbst die Lüge, dient der Wahrheit. Schatten löschen die Sonne nicht aus." Nichts, aber auch gar nichts ist im Prozess des Schreibens auszuschließen, denn der Ausschluss, das vorgeschriebene Rezept, das allein nur noch auszufüllende Konzept, führt zwangsläufig in die Irre des geschlossenen Narrativs, das keine Holzwege, keine unnötigen Abschweifungen, keine Schlenker kennt, die uns in die Nähe des Abgrunds führen. Auch wenn sie ihn nicht offenlegen können, so verweisen sie zumindest auf seine Existenz, und das, so scheint es, ist wahrscheinlich das Äußerste, was man von einem Text erwarten kann.

Es gibt eine Unmenge an Gründen, zu schreiben und Romane zu verfassen, und ich meine damit nicht nur sogenannte niedere Beweggründe wie Ruhm und Geld, sondern jede ernsthafte Auseinandersetzung mit dieser Form des Erzählens. Ich habe mich in diesen Vorlesungen auf die Form des Romans konzentriert, die mir besonders am Herzen liegt. Wie lange ich selbst gebraucht habe, um den Roman als Klammer um eine Variable zu begreifen, wie viele Irrwege ich vorher gehen musste, wie viele vermeintliche Rezepte ausprobieren, habe ich in meiner ersten Vorlesung zu zeigen versucht.

Der Roman, so wie ich ihn verstehe, beschreibt eine Bewegung, mit der er über sich hinausweist, eine Bewegung, die nach vorne zu gehen scheint, sich aber tatsächlich in die Vergangenheit richtet, zurück vor den eigenen Ursprung, in den Bereich der Einfachheit und Ganzheit. Da der Roman diesen Ursprung nie erreichen kann, kommt er in seiner Entwicklung auch zu keinem Ende. Er wird seine narrative Bewegung immer weiter ausführen, letztlich um zu seiner Essenz zu gelangen und sich selbst überflüssig zu machen, sich selbst aufzulösen, so der in ihm angelegte Beweggrund. Er kommt dem Nichts dabei auf eine Art nahe, wie sie sich in dem das Nichts bezeichnenden sinojapanischen Zeichen findet. Nicht allein weil sich das Zeichen im Gegensatz zur alphabetischen Repräsentation, wie de Saussure sagt, „auf das Wort als Ganzes und dadurch indirekt auf die Vorstellung, die es ausdrückt", bezieht, sondern weil sich hier exakt das Prozesshafte findet, das ich zu beschreiben versucht habe, die Bewegung, in der eine Loslösung und Auflösung entstehen kann. So erscheint mir, natürlich nur als Projektion aus einem westlich alphabetisierten Kontext heraus, das Zeichen im Gegensatz zum buchstabierten Wort näher am *Simple Song* oder dem Werk in C-Dur zu sein. Wie aber wird das Nichts als Zeichen repräsentiert? Es wäre eine Frage, die Aristoteles bestimmt interessiert hätte, denn wie stellt man das bildlich dar, was keine Eigenschaften mehr hat? Als Leerstelle? Das ließe sich kaum bewerkstelligen, denn wie könnte man das Zeichen dann von der normalen Lücke zwischen anderen Zeichen oder dem Texthintergrund unterscheiden? Man müsste es entsprechend kennzeichnen, etwa indem man die Leerstelle einrahmt, zum Beispiel mit einem Quadrat oder besser noch mit dem aus der Kalligraphie des Zen bekannten Ensô, dem in einem einzigen Pinselstrich ausgeführten Kreis; doch damit würde man den Rahmen in das Zentrum rücken und ihn zum eigentlichen Zeichen machen. Die Lösung, die man vor vielen hundert Jahren gefunden hat, scheint mir überzeugend, nicht nur für das Zeichen, sondern auch für das vom Roman angestrebte Nichts, denn das Nichts wird als das für uns Unvorstellbare dargestellt, dass wir am ehesten im Prozess der Nichtung begreifen, so wie sich auch Blanchot darüber im Klaren war, dass das Schweigen und Verschwinden nicht nur innerhalb der Sprache geschieht, sondern auch durch sie dargestellt wird. Das bereits benannte „Mu", oder chinesische „Wu", das Nichts bedeutet und etwa auf der entsprechenden japanischen Ausgabe von Sartres *Das Sein und das Nichts* dem Sein gegenübersteht, ist ein Zeichen mit zwölf Strichen: ein Heuballen, unter dem ein Feuer ist.

無

Der Roman als Strohfeuer, als Nichtung, als eine von notwendigen Irrtümern geleitete Bewegung, die eine Zukunft anstrebt, die sie selbst nicht ist, und die eine Vergangenheit hat, zu der sie nicht zurückkehren kann, denn wie Dogen, der Gründer der Soto-Schule des Zen, ein Zeitgenosse Wolframs von Eschenbach, sagt: „Feuerholz wird Asche und kann nie wieder Feuerholz werden. Dennoch sollten wir nicht glauben, dass Asche die Zukunft des Feuerholzes ist und Feuerholz die Vergangenheit der Asche. Feuerholz hat seinen eigenen Platz, mit einer eigenen Vergangenheit und einer eigenen Zukunft. Auch wenn es eine Vergangenheit und eine Zukunft hat, so sind Vergangenheit und Zukunft abgeschnitten. Auch Asche hat ihren eigenen Platz mit Vergangenheit und Zukunft. Das Feuerholz, einmal zur Asche geworden, wird nie wieder Feuerholz."

Anmerkungen

S. 69/70 Alain Robbe-Grillet, zitiert nach Françoise van Rossum-Guyon, *Critique du Roman. Essai sur „La Modification" de Michel Butor*, Paris 1995, S. 64 (Übers. FW).

S. 70 Gertrude Stein, *Stanzas in Meditation*, Los Angeles 1994, S. 72.

S. 71 William Burroughs, *Word Virus. The William S. Burroughs Reader. With an Introduction by Ann Douglas*, hrsg. v. James Grauerholz u. Ira Silverberg, New York 1998, S. XX.

S. 71 Jacques Derrida, *Grammatologie*, übers. v. Hans-Jörg Rheinberger u. Hanns Zischler, Frankfurt a. M. 1983, S. 65.

S. 73 Cesare Pavese, *Das Handwerk des Lebens. Tagebuch 1935–1950*, übers. v. Charlotte Birnbaum, Frankfurt a. M. 1974, S. 387.

S. 73 Édouard Levé, *Suicide*, Paris 2008, S. 112 (Übers. FW).

S. 73/74 Maurice Blanchot, zitiert nach Aaron Hillyer, *The Disappearance of Literature. Blanchot, Agamben, and the Writers of the No*, New York 2013, S. 83 f. (Übers. FW).

S. 75 Mark Epstein, *The Trauma of Everyday Life*, New York 2013, S. 150 (Übers. FW).

S. 75 Robert Stolorow, zitiert nach Mark Epstein, *The Trauma of Everyday Life*, New York 2013, S. 148 (Übers. FW).

S. 76 Rainer Maria Rilke, *Sämtliche Werke. Fünfter Band*, Frankfurt a. M. 1965, S. 207 f.

S. 78/79 Alan Gibbs, *Contemporary American Trauma Narratives*, Edinburgh 2014, S. 50 (Übers. FW).

S. 80 Evelyn Hanzig-Bätzing, *Selbstsein als Grenzerfahrung. Versuch einer nichtontologischen Fundierung von Subjektivität zwischen Theorie (Hegel) und Praxis (Borderline-Persönlichkeit)*, Berlin 1996, S. 136.

S. 82 Aristoteles, *Probleme*, übers. v. Paul Gohlke, Paderborn 1961, S. 153, 108, 90, 91, 76, 123, 255, 361.

S. 83 Nolanda Klunder, *Lucidarius. De Middelnederlandse Lucidarius-teksten en hun relatie tot de Europese traditie,* Amsterdam 2005, S. 261 f. (Übers. FW).

S. 83/84 Ebd., S. 260 (Übers. FW).

S. 86 Wolfram von Eschenbach, *Parzival,* übers. v. Wolfgang Mohr, Göppingen [2]1979, S. 136.

S. 87 Ebd., S. 128.

S. 88 Ebd. S. 130.

S. 89 Ebd. S. 134, 138 f.

S. 89/90 Chrétien de Troyes, *Perceval ou le Roman du Graal,* Paris 1981, S. 153 (Übers. FW).

S. 91 Maurice Blanchot, in: Georges Bataille, *Die innere Erfahrung. Mit einem Essay von Maurice Blanchot,* Berlin [2]2017, S. 272, 272 f.

S. 92 Georges Bataille, *Die innere Erfahrung. Mit einem Essay von Maurice Blanchot,* Berlin [2]2017, S. 54 f.

S. 93 Franz Kafka, in Gustav Janouch, *Gespräche mit Kafka. Aufzeichnungen und Erinnerungen. Erweiterte Neuausgabe,* Frankfurt a. M. 1981, S. 173, 174, 146.

S. 94 Ferdinand de Saussure, zitiert nach Jacques Derrida, *Grammatologie,* übers. v. Hans-Jörg Rheinberger u. Hanns Zischler, Frankfurt a. M. 1983, S. 58.

S. 95/96 Master Dogen, *Master Dogen's Shobogenzo. Book 1,* übers. v. Gudo Wafu Nishijima u. Chodo Cross, London 1994, S. 34 (Übers. FW).

Bibliographie

Aristoteles, *Probleme*, übers. v. Paul Gohlke, Paderborn 1961.

Roland Barthes, *Die Vorbereitung des Romans. Vorlesung am Collège de France 1978–1979 und 1979–1980*, übers. v. Horst Brühmann, Frankfurt a. M. 2008.

Matsuo Basho, *Basho. The Complete Haiku*, hrsg. u. übers. v. Jane Reichhold, Tokyo, New York, London 2008.

Georges Bataille, *Die innere Erfahrung. Mit einem Essay von Maurice Blanchot*, Berlin ²2017.

Marcel Bénabou, *Pourquoi je n'ai écrit aucun de mes livres*, Paris 1986.

Konrad Burdach, Der Gral, Darmstadt 1974.

Hermann Burger, *Tractatus logico-suicidalis. Über die Selbsttötung*, Frankfurt a. M. 1988.

William Burroughs, *Word Virus. The William S. Burroughs Reader. With an Introduction by Ann Douglas*, hrsg. v. James Grauerholz u. Ira Silverberg, New York 1998.

Jacques Catteau, Dostoyevsky and the process of literary creation, New York, New Rochelle, Melbourne, Sydney 1989.

Chrétien de Troyes, *Perceval ou le Roman du Graal*, Paris 1981.

Jacques Derrida, *Grammatologie*, übers. v. Hans-Jörg Rheinberger u. Hanns Zischler, Frankfurt a. M. 1983.

John Desreumaux, *Land van schroot en knoken. Slachtoffers van ontploffingen in de frontstreek 1918–heden*, Leuven 2011.

Master Dogen, *Master Dogen's Shobogenzo. Book 1*, übers. v. Gudo Wafu Nishijima u. Chodo Cross, London 1994.

Per Olov Enquist, *Das Buch der Gleichnisse. Ein Liebesroman*, übers. v. Wolfgang Butt, München 2013.

Per Olov Enquist, *Ein anderes Leben*, übers. v. Wolfgang Butt, München 2009.

Mark Epstein, *The Trauma of Everyday Life*, New York 2013.

Félix Fénéon, *Novels in Three Lines*, übers. v. Luc Sante, New York 2007.

Alan Gibbs, *Contemporary American Trauma Narratives*, Edinburgh 2014.

Johann Wolfgang von Goethe, *Faust. Der Tragödie erster Teil. Mit Illustrationen von Josef Hegenbarth*, München 1989.

Evelyn Hanzig-Bätzing, *Selbstsein als Grenzerfahrung. Versuch einer nichtontologischen Fundierung von Subjektivität zwischen Theorie (Hegel) und Praxis (Borderline-Persönlichkeit)*, Berlin 1996.

Aaron Hillyer, *The Disappearance of Literature. Blanchot, Agamben, and the Writers of the No*, New York 2013.

Gustav Janouch, *Gespräche mit Kafka. Aufzeichnungen und Erinnerungen. Erweiterte Neuausgabe*, Frankfurt a. M. 1981.

Søren Kierkegaard, *Furcht und Zittern*, hrsg. v. Emanuel Hirsch, Hayo Gerdes u. Hans Martin Junghans, Düsseldorf 1950.

Søren Kierkegaard, *Philosophische Brosamen und Unwissenschaftliche Nachschrift*, hrsg. v. Hermann Diem, München 1976.

Nolanda Klunder, *Lucidarius. De Middelnederlandse Lucidariusteksten en hun relatie tot de Europese traditie*, Amsterdam 2005.

Édouard Levé, *Suicide*, Paris 2008.

David R. Loy, „Indra's Postmodern Net", in: *Buddhisms and Deconstructions*, hrsg. v. Jin Y. Park, Lanham 2006, S. 63–82.

Roger Luckhurst, *The Trauma Question*, New York 2008.

Gérard de Nerval, *Aurelia oder Der Traum und das Leben*, übers. v. Ernst Sander, Berlin 1970.

Friedrich Nietzsche, *Sämtliche Werke. Kritische Studienausgabe in 15 Bänden*, hrsg. v. Giorgio Colli und Mazzino Montinari, München, Berlin, New York 1980, Bd. 11, Nachgelassene Fragmente 1884–1885.

Cesare Pavese, *Das Handwerk des Lebens. Tagebuch 1935–1950*, übers. v. Charlotte Birnbaum, Frankfurt a. M. 1974.

Rainer Maria Rilke, *Sämtliche Werke. Fünfter Band*, Frankfurt a. M. 1965.

100

Françoise van Rossum-Guyon, *Critique du Roman. Essai sur „La Modification" de Michel Butor*, Paris 1995.

Henri Sanson, *Tagebücher der Henker von Paris. 1685–1847. Erster Band. Mit 20 Abbildungen*, Leipzig, Weimar 1983.

Gilbert Sorrentino, *Something Said*, Chicago ²2001.

Gertrude Stein, *Stanzas in Meditation*, Los Angeles 1994.

Makoto Ueda, *Bashō and His Interpreters. Selected Hokku with Commentary*, Stanford 1992.

Wolfram von Eschenbach, *Parzival*, übers. v. Wolfgang Mohr, Göppingen ²1979.

Wolfram von Eschenbach, *Parzival*, München 2015.